應用社會科學調查研究方法系列叢

U0067123

標準化調查訪問

Standardized Survey Interviewing :
Minimizing Interviewer-Related Error

Floyd J. Fowler, Jr.
Thomas W. Mangione 著
黃朗文譯
齊力校閱
國立編譯館主譯

弘智文化事業有限公司

Floyd J. Fowler, Jr.
Thomas W. Mangione

Standardized Survey Interviewing

Copyright © 1990
By Sage Publications, Inc.

Chinese edition copyright © 1999
By Hurng-Chih Book Co., Ltd..
For sales in Worldwide.

ISBN 957-98081-2-0
Printed in Taiwan, Republic of China

前言

　　在過去三十五年，自從 Herbert Hyman 及其同儕寫了一本對於調查訪問具有新里程意義的著作之後，社會科學家才識得一些關於訪員如何會對調查資料造成誤差的原因。雖然自 1954 年以來，訪員在方法研究中從未成為「熱門」的主題，但是我們覺得這期間一直持續成長的知識，已到了應該彙整的時候了。

　　我們了解到在調查中，訪員影響了他們所被給予的答案。我們也知道有可行的策略可減低訪員相關的誤差，但是在今日，在很大的程度上這些策略在調查研究的執行中仍不常見。我們撰寫此書的目的包括了提供具成本效益的建議以從事更好的調查，並對那些尋求調查資助的人提出證據：即使是相當小的花費就可以對調查資料的品質造成很大的差別。

　　顯然地，本書主要的讀者群包含了那些直接涉入人口調查的執行者。但是，訪員為了很多不同的研究目的而蒐集資料。任何人只要是從他處獲得資訊加以彙整列表，或轉成量化的形式，就應該對如何減低訪員相關誤差的方法

感興趣。因此，本書在寫作上，基本上所設定的讀者群很廣，並不假設一定是研究法、統計，或是任何特殊訓練的背景。

我們很嚴肅的認為，調查研究是一種社會科學。我們認為社會科學中的測量是可以和其他科學一般嚴謹且具效力的。我們會害怕聽到別人把訪問或是問卷設計說是一種藝術，而不是一種科學。要盡量提高測量在調查中的效度是有其必循的程序，就如在其他科學中所必有的努力一樣。本書便是這些程序的概略介紹，它例證了訪員如何影響資料，以及如何減低這些效應以產生更有效的資料。

對於調查資料的使用者，調查中有關人的部分總是會令人感到疑問。有一些評論家認為，一致、標準化的訪問是不可能的；另外的調查資料使用者認為理所當然的就應該是標準化的。但是，以上皆非。藉由訪問來測量是可能的，但絕非易事。如果沒有好的訪問，就不可能做到——至少不會做得很好。訪員和受訪者皆為凡人，這是有效率的測量所要考慮到的現實條件。我們希望我們已經將在訪問所發生的現實狀況下要產生好的訪問所需的程序做了很好的列述。

以下就是更多的詳細內容！

Floyd J. Fowler, Jr.
Thomas W. Mangione

叢書總序

　　美國加州的 Sage 出版公司，對於社會科學研究者，應該都是耳熟能詳的。而對研究方法有興趣的學者，對它出版的兩套叢書，社會科學量化方法應用叢書（Series: Quantitative Applications in the Social Sciences），以及社會科學方法應用叢書（Applied Social Research Methods Series），都不會陌生。前者比較著重的是各種統計方法的引介，而後者則以不同類別的研究方法為介紹的重點。叢書中的每一單冊，大約都在一百頁上下。導論的課程之後，想再對研究方法或統計分析進一步鑽研的話，這兩套叢書，都是入手的好材料。二者都出版了六十餘和四十餘種，說明了它們存在的價值和受到歡迎的程度。

　　弘智文化事業有限公司與 Sage 出版公司洽商，取得了社會科學方法應用叢書的版權許可，有選擇並有系統的規劃翻譯書中的部分，以饗國內學界，是相當有意義的。而中央研究院調查研究工作室也很榮幸與弘智公司合作，在國立編譯館的贊助支持下，進行這套叢書的翻譯工作。

　　一般人日常最容易接觸到的社會研究方法，可能是問

卷調查。有時候，可能是一位訪員登門拜訪，希望您回答就一份蠻長的問卷；有時候則在路上被人攔下，請您就一份簡單的問卷回答其中的問題；有時則是一份問卷寄到府上，請您填完寄回；而目前更經常的是，一通電話到您府上，希望您撥出一點時間回答幾個問題。問卷調查極可能是運用最廣泛的研究方法，就有上述不同的方式的運用，而由於研究經費與目的的考量上，各方法都各具優劣之處，同時在問卷題目的設計，在訪問工作的執行，以及在抽樣上和分析上，都顯現各自應該注意的重點。這套叢書對問卷的設計和各種問卷訪問方法，都有專書討論。

問卷調查，固然是社會科學研究者快速取得大量資料最有效且最便利的方法，同時可以從這種資料，對社會現象進行整體的推估。但是問卷的問題與答案都是預先設定的，因著成本和時間的考慮，只能放進有限的問題，個別差異大的現象也不容易設計成標準化的問題，於是問卷調查對社會現象的剖析，並非無往不利。而其他各類的方法，都可能提供問卷調查所不能提供的訊息，有的社會學研究者，更偏好採用參與觀察、深度訪談、民族誌研究、焦點團體以及個案研究等。

再者，不同的社會情境，不論是家庭、醫療組織或制度、教育機構或是社區，在社會科學方法的運用上，社會科學研究者可能都有特別的因應方法與態度。另外，對各種社會方法的運用，在分析上、在研究的倫理上以及在與既有理論或文獻的結合上，都有著共同的問題。此一叢書對這些特定的方法，特定的情境，以及共通的課題，都提

供專書討論。在目前全世界，有關研究方法，涵蓋面如此全面而有系統的叢書，可能僅此一家。

弘智文化事業公司的李茂興先生與長期關注翻譯事業的余伯泉先生（任職於中央研究院民族學研究所），見於此套叢書對國內社會科學界一定有所助益，也想到可以與成立才四年的中央研究院調查研究工作室合作推動這翻譯計畫，便與工作室的第一任主任瞿海源教授討論，隨而與我們兩人洽商，當時我們分別擔任調查研究工作室的主任與副主任。大家都認為這是值得進行的工作，尤其台灣目前社會科學研究方法的專業人才十分有限，國內學者合作撰述一系列方法上的專書，尚未到時候，引進這類國外出版有年的叢書，應可因應這方面的需求。

中央研究院調查研究工作室立的目標有三，第一是協助中研院同仁進行調查訪問的工作，第二是蒐集、整理國內問卷調查的原始資料，建立完整的電腦檔案，公開釋出讓學術界做用，第三進行研究方法的研究。由於參與這套叢書的翻譯，應有助於調查研究工作室在調查實務上的推動以及方法上的研究，於是向國立編譯館提出與弘智文化事業公司的翻譯合作案，並與李茂興先生共同邀約中央研究內外的學者參與，計畫三年內翻譯十八小書。目前第一期的六冊已經完成，其餘各冊亦已邀約適當學者進行中。

推動這工作的過程中，我們十分感謝瞿海源教授與余伯泉教授的發起與協助，國立編譯館的支持以及弘智公司與李茂興先生的密切合作。當然更感謝在百忙中仍願抽空參與此項工作的學界同仁。目前齊力已轉往南華管理學院

教育社會學研究所服務，但我們仍會共同關注此一叢書的
推展。

章英華‧齊力
于中央研究院
調查研究工作室
1998 年 8 月

目錄

1

何謂標準化訪問

　　本書是為了繼續努力改進調查資料的品質而撰。這裡，我們所謂的調查是指那些設計來對某些母群體獲取量化資料的調查；舉例來講，為了要推估母體中車輛擁有的百分比，或是在去年間曾住院的人口比例。這些資料的取得都是從詢問問題而來。雖然有一些調查是藉由自我填答的方式——由人們在書面的問卷上填寫答案，但是本書所要探討的是大多數靠訪員詢問問題並記錄答案的調查形式。因此，本書的主要目的便是要介紹如何從事這類型的調查，並使因訪員引起的誤差減至最小。

調查訪問之本質

　　訪問被形容爲是「帶有目的的會談」（Kahn & Cannell, 1958）。但是，訪問的形式非常多，適切的訪問程序也依不同的會談目的有所差異；更進一步的說，訪問成功的定義、品質的標準，均會隨著這些個別目的而改變。

　　在各式各樣的訪問中，每一套標準化的調查訪問只包含了其中之一種，但是無論是那一種訪問形式，都有兩個最基本的部分：

1. 訪問會談的主體主要由問題與回答所組成；
2. 會談參與者的角色已被界定，且無重疊：一個人提問題（訪員），另一個人則回答問題（受訪者）。

　　若欲區別某些會談能否被歸類是訪問，則高度分化的角色之顯現是一個關鍵的因素。有些訪員也許會主動提供一些訊息或解釋，而這樣做的目的只是爲了要準備接下來要提出問題；同樣的，受訪者也會向訪員詢問一些問題，也是爲了讓接下來的回答順利進行。

　　對於設計來提供描述母群體的調查訪問，具有一些特徵可以與其他訪問目的的調查加以區辨：

1. 個別的受訪者會成爲研究的對象，只是因爲他們是被描述的母體中的一份子。一般而言，他們是代表該母體之

樣本的一部分。無論他們如何被選取，研究者感興趣的不是受訪者本身或他們回答的實質內容，而是受訪者所提供的答案將有助於研究者描述他們所代表的母群體。

2. 調查結果的呈現是對於母體定量或數學性的描述。至少，研究者會有興趣將各色受訪者歸為定義清楚的不同類別，然後推估在母群體中各類人口的比例。一個典型的調查結果是像這樣的陳述：目前有 4%的勞動人口是處於失業狀態；也可能是確認某些特徵之間關係的描述：工作滿意度低的工人要比工作滿意度高的工人請較多的病假。

3. 測量所得的結果、用來分析的資料，都是根據受訪者的回答而得。研究結果的描述是直接反映受訪者各類回答的分布情形。

　　一個成功的調查的標準是在於所得到的資料是否能測量到研究者所欲描述的母群體之真實面貌。調查的目標是要能得到正確的統計數字。

調查中誤差之來源

　　調查是由一連串的步驟共同形成的測量過程。若要評估根據調查所做成的推估的品質好壞，調查過程中的每一個環節都應該要考慮到：

1. 任何根據樣本所做的調查推估都有抽樣誤差（sampling error）之虞，誤差乃根源於在隨機的情況下，一個被抽出的樣本不全然會與其被抽出的母體在各方面都具有相同的特質。樣本被抽出的方式以及樣本的大小，都會影響到該樣本是否會具有代表性。除此之外，調查的推估是根據那些真正回答問題的樣本，有部分被抽選的樣本實際上是拒絕被訪問，或是因為其他原因沒有被訪問到。究竟從樣本獲取資料的比率為何，以及這些所提供的回答的樣本有多少代表性，則是在評估調查資料時重要的課題。

2. 所要探詢的問題也隨答題的正確度而異。在調查中所欲探求的訊息，以及特定問題的遣詞用字（wording），都對調查所得回答的品質有直接的影響。

3. 資料蒐集的程序也很重要。無論資料的蒐集是藉由電話或是面對面的訪問，訪問進行的脈絡、訪員處理與受訪者互動的方式，都可能會影響到在調查推估中誤差的多寡與類型。

4. 將調查所得的答案轉化成電腦分析的數字形式的過程中，也可能造成誤差。在過錄（coding）的時候，過錄員未遵循一致的過錄原則，或是做了錯誤的判斷，都會產生不一致的過錄結果。同時，資料鍵入所產生的錯誤，也是調查總誤差的來源之一。

以上所述的調查誤差歸納於表 1.1 中。

表 1.1　調查誤差的來源

1.　抽樣方面的誤差：
   A.　當從母體抽樣出來的抽樣底冊或名單並沒有包括所有母體所描述的特性時，那麼就會有某一些類別的人被排除在樣本之外；
   B.　因為抽樣所依循的樣本比例（機率）並沒有充分地反應母體比例；
   C.　當有一些樣本拒絕參與調查、不肯提供答案，或對某些敏感性問題拒答。
2.　問卷方面的誤差：
   A.　當題目被誤解；
   B.　當題目本身並不能表達出它真正想得到的資訊；
   C.　當受訪者並不願正確地回答題目。
3.　訪員方面的誤差：
   A.　當訪員並沒有逐字地唸出題目；
   B.　當訪員做引導式的追問（probe）；
   C.　當訪員對受訪者的答案加入自己的偏見；
   D.　訪員記錄不正確。
4.　資料削減的誤差：
   A.　當過錄員使用不一致的過錄原則，或對所該適用的過錄碼判斷錯誤；
   B.　當資料在鍵入電腦時鍵入錯誤。

訪員的角色

　　在表 1.1 所列出的誤差來源中，大部分並不能歸咎於訪員的責任。一般而言，調查研究工作都是由一組工作人員

共同籌劃，由一個人，或一組人員（研究人員）負責有關研究設計的決策，包括：研究對象、抽樣設計、要詢問的特定題目、以及要採用的資料蒐集程序。一般的情況，有另一組人員負責實際的資料蒐集的進行。雖然在一些小規模的調查中，研究者本身會從事所有或部分的訪問工作，也許整個調查中只有一個訪員，但是大部分調查訪問的一項重要特色，就是由研究人員設計出一套資料蒐集的程序，再由另一批人馬來執行。

訪員確實會影響受訪者的回答率（response rate），也就是在抽出的樣本中，同意接受訪問的比例。然而，在調查中歸因於訪員的誤差，主要乃是根源於訪員與受訪者在資料蒐集的過程中，訪員所具有的影響力；再進一步地說，也就是訪員應該為其未能遵循標準化的訪問原則所造成的誤差而負責。研究者與訪員要共同克服的挑戰是要使訪問的流程能夠標準化。

調查作為一種測量：標準化之需要

根據韋氏大字典（Guralk, 1976）的解釋，測量之義是「在一個標準之下去找出或估計出任何事物的程度、面向等等」。測量過程定義的關鍵部分即是標準化。在所有科學當中，在情境互異的情況下，唯有使用相同的程序來衡量，才能呈現出真正差異之所在，所得的結果才得以比較、

詮釋，測量才有其意義。調查也是同樣的道理，只是在調查中，標準化測量的程序是指訪員提出問題後，訪員記錄受訪者回答的測量程序。標準化的目的是要使每一個受訪者都經歷相同的答題經驗，而且每項答案被記錄的方式也都相同，也因此，回答中所顯現的差異性可正確地被解釋為反映受訪者之間的差異，而不是因為在資料蒐集的過程中的差異。

訪員須要標準化，說起來容易，做起來就困難了。要澄清這個問題，我們需要用一個例子來說明：

問題：「您對於您最大的孩子所上的學校評價如何——很好，不錯，還可以，還是不好？」

受訪者：「這對我來說，蠻難回答的。我的小孩現在是二年級，我不認為他們在數字能力和閱讀的訓練上做得很好；但是，就這個年紀來講，我不覺得現在他們學的內容有多重要，小孩子在那方面一下子就趕上來了。我倒是覺得他們的娛樂設施做得很好，像是體育館和休閒的場所，那邊的設備不錯，孩子們有很多機會可以在那裡一起做些事情。我覺得在這個年紀這個蠻重要的。」

分析：這個受訪者對這個題目有其合法性（legitimate）的問題。學校有許多層面：硬體、師資、管理、課程和其他學生。像這樣一個題目會迫使受訪者去考慮學校的所有面向，然後再整合起來，做成一個合理的單一評價。遇到這樣的回答，訪員有兩種回應的方

式，非標準化和標準化的形式。

非標準化的訪員回應之一：「我們所要問的，重點應該是偏重於學校的教育成分。我想您應該就學校的教育課程來做評價。」

非標準化的訪員回應之二：「我們是希望您對學校的整體來做評價。您可以就您最重視的部分做加權計分。」

標準化的訪員回應：「當然囉，說到學校，您會聯想到很多事情。我們從事調查的工作就是要詢問不同人同樣的題目，個人依自己對題目的詮釋來做最佳的回答。我現在再把題目唸一次，您根據所敘述的題目，從您的觀點，告訴我您的答案。」

進一步的分析：我們可以假設有某些受訪者會依照非標準化的訪員回應之一所建議的方向來做答，而另外有一些受訪者是參考非標準化訪員回應之二的說法；而問題在於如果其中任一種非標準化的追問或解說被受訪者所採用，那麼這便是會受到訪員的影響。如果訪員是依照標準化的方式行事，受訪者答題的參考點就不得而知了，但是我們至少知道受訪者回答之間的差異是源自於他們對問題詮釋的方式，而非因為訪員的回應所造成的，而這也就是我們所要求的。

受訪者：「我認為比較適當的說法是，學校有些部分做得很好，但是有些部分卻做得不理想。」

分析：受訪者的回答考慮很周詳，也很適切，但是就無法和其他受訪者的回答做整合，產生出量化的描述

了。雖然有一些調查是要受訪者照自己的意見陳述（稱為開放式或敘述式的答案），但是有許多問題，就像上面的例子，是要求受訪者從一份選單中，選出一個最符合其感覺或情況的答案。標準化之一就是要清楚指明要採取那一種答案的形式。

標準化的訪員回應：「我需要您挑出一個確切的答案，這樣我們才能和其他受訪者的答案做比較。請問您以下那一個答案最能代表您對學校整體的綜合評估——很好，不錯，還可以，還是不好？」

很明顯地，一個適當的回答，比要求受訪者從一長串未必符合其意的選項中挑選一個答案，要更容易被接受；訪員用一些非標準化的方式來協助受訪者答題也是很自然的事情。但是若要使所有對受訪者的測量都能夠一致，這些程序都是必要的，也是我們所謂標準化訪問的關鍵部分。

與另外兩種訪問之比較

為了再對標準化訪問的特定條件提出觀點，我們將比較標準化調查訪問和其他類型的調查訪問：

1. 在晚間脫口秀的訪問；以及
2. 醫生對病患醫療史的訪問。

表面上看來，用晚間脫口秀的訪問來比較標準化調查訪問好像很可笑，但是這兩種訪問至少都符合訪問的最低標準，也就是以問答式的會話作為主要的焦點，參與者的角色也有明顯的區分———一個主要提出問題，另一個主要回答問題。

　　其中最基本的差異在於脫口秀的訪問中互動的目的是娛樂性的。訪問中所得到的答案在該互動結束之後就不會再有其他用途，事實也是如此，沒有人把這些答案記載下來。

　　脫口秀中的問題可以預先設計、建構，但事實上這些問題不會和正式訪問中受訪者被詢問的問題有太多相關。有些訪問者會帶引來賓盡情地暢所欲言，而且盡量避免讓他們的人格特質加諸互動中。這些都會讓人們認為是作為一個好訪員所具備的特質，但是有些主持人會利用問題詢問作為製造娛樂效果的機會，有時候反而削減了受訪者在意見交流上的用心。從娛樂價值的觀點來看，這樣的過程算是成功的，主持人也扮演了一個「好」的訪問者。

　　最後一點，脫口秀訪問的焦點一次只有一位特別來賓，根本無從量化。沒有理由拿這樣一組答案去和其他任何的答案做比較。該訪問結束之後，訪問的結果不會再被用到，除非是重新再來一次或是周年特別節目的時候。

　　當醫生初診，訪問有關病患的醫療史時，其互動的結構亦很類似在做調查訪問。誰該問問題，誰該回答問題，一點都不模糊。而且，醫生通常對所有病患的詢問，都是從一些症狀和先前的醫療記錄開始。然而，醫生對病人的

訪問還是與標準化的調查訪問有許多差異。首先,訪問的目的是要把每一個特定病患的特殊狀況做清楚的了解,而不是要概推到其他病患,也不是要將訪問的結果和其他病患做比較。因此,對每一個病患訪問的語句有可能會隨病患而不同。也許醫生最開始對所有病患都會從一組相同的題目開始詢問,其後就會依據病患的回答自行岔開原來問題的主線,對特別的細節做深入的探詢。

除此之外,大部分的醫生在訪問時,並不會特別去注意在問題之外,不要再做引導。在訪問中,醫生會建議一些語辭來描述病患的感覺,以便他們將病患的感覺轉換到醫療架構中,這也是很平常的事。病歷史的記錄結果並不是病患在訪問中所提供的每字每句的回答,而是醫生根據病患回答的內容所做成的結論。因此,當病患說他有「心臟的毛病」,醫生會當做參考,但是結論則是由醫生本身的判斷做成的。以大部分的情形來講,病歷史訪問結果中所記載的資料,是醫生所下的結論,而不是病患本身所提供的。

表 1.2　各種面談的比較

形式	數量的目標	答案的功用	標準化的問題
脫口秀	無	娛樂	無
醫療史	配合病人的 健康狀況	提供診斷 的資訊	相同的主題 不同的問題
標準化調查	足以描述母體	變成可分析 的資料	所有的受訪者 都用完全相同 的問題

實際上，訪問者在大部分的情況下應該是可以採取一些標準化、不加引導的訪問原則的。脫口秀的主持人可以有一個更具趣味且多樣性的節目，如果該節目的訪問以受訪來賓為主，而沒有摻雜太多訪問者的干擾或偏向。同樣地，醫生也可以從標準化的訪問得到好處。因為醫生知道訪問結果的重點是由醫生自己下的結論，而不是病患本身；那麼在醫學訪問上，可能會發展出一套引導式的訪問技巧，使病患同意醫師的陳述但又不全然反映出病患的真實經驗。醫生所下的結論誠然是最重要的結果，但是若能充分利用病患提供的訊息，這樣的結論才會更具準確度，更有效力。

標準化調查訪問在一般所謂的訪問中的確是一種較為特殊的互動模式。但是，標準化訪問所要克服的難題——使受訪者正確、完整地回答題目，而且使訪員對題目所產生的效應減到最低——是大部分訪問的情況都要面對的。尤其是標準化訪問所要求的程序和技巧，是牽涉到為數不少的訪員和範圍廣泛的受訪者，使之更具挑戰性。但是在標準化訪問所涉及的程序和解決方案，是可以廣泛地應用在其他類型的訪問中的。

社會科學研究中標準化的時機

在社會科學研究中，標準化訪問並非適用於所有蒐集

資料的過程。

探索性研究（exploratory research）：通常用標準化訪問的結果並不會是最好的。在設計上，標準化訪問所得到的答案只有限定在所詢問問題的範圍內。在研究的探索階段，最主要的目標是要找出那些是要問的問題。限制性或結構式的題目在標準化訪問中是很好的應用，但前提是研究者已經完全確定題目的選項是十分周延、適切了。

個案研究（case studies）：當研究者的目的是要對一組特定對象做詳盡的描述時，最好也不要加諸太多標準化的技巧。這類研究典型的研究取向是把受訪者作為研究的合作對象，向他們解釋研究要做些什麼，請他們提供所需的資訊。要涵蓋的特定範圍先界定清楚，但是後續的問題是隨研究者自由發揮，以得到訪問者在各主題想得到的說明。

類似的作法，像有一些社會科學的研究訪問是為了要探究無法靠受訪者的回答測量出來的一些個別特質。這樣的情形就要藉由敘述式的分析才能得到受訪者本身無以名之的結論了（Mishler, 1986）。舉例而言，受訪者可能被要求描述處在壓力的情況下，他們是如何反應的；而研究員則將他們紓解壓力的模式，過錄為「建設性」或是「破壞性」的。

在這樣的研究中，研究者並不是將訪問視為一種測量，而是資訊蒐集的過程。訪員通常會解釋、釐清題目、又提出一個新的題目、總結將所得答案並做成記錄，而這些都是在標準化訪問中所禁止的。若要在這樣的訪問中獲得一

致性，通常只有以極少的、對研究完全投入的訪員來進行訪問。即使是這樣，研究者在比較答案時仍可能有問題，除非它們確定人們所回答的是相同的問題，而且是在一致的架構中回應。基於以上的理由，在一些較不標準化的訪問中加入一些標準化的題目是很有助益的。然而，重點是仍有一些有正當研究目標的訪問，其採用的不是標準的訪問。

另一方面，關於標準化訪問也有人提出批評，而事實上，那應該是另一個課題的討論。例如，標準化調查常會依賴封閉式（closed questions）或固定答案（fixed-response）的問題。有部分研究者更偏好用敘述式的答案，而非固定式的（Mishler, 1986）。開放式或敘述式的答案確實可以告訴研究者更多受訪者內心的想法，但是卻不能如封閉式回答般，提供作為適合量化分析的資料。而且，詢問以敘述式回答的題目並不有礙於訪問工作的標準化管理。無論問題是開放或是封閉的形式，對於答案的可詮釋性的通則是同樣適用的。我們認為兩種類型的問題都同樣有價值，當目標是要獲得量化資料時，兩者也都必須要以標準化的方式處理。

另外一點是關於在蒐集事實性的或客觀的資訊時，標準化之重要性。研究者大致都會同意若是有關於主觀陳述、個人意見、感覺或知覺的題目時，必需依賴詳盡的題目字句。也許有人會辯稱，在蒐集事實性的資訊時，標準化的問題沒有那麼重要，比方說是看病、住院的次數，或是家庭成員的年齡。然而，即使是最簡單的問題也需要受訪者

對其語辭、概念都有相同的了解。因此，當受訪者應該要回答的是年收入時，每一個人都應該相同地了解，在他們的回答中，那些收入才算，那些收入不算，要包括那一段期間的收入。所以，給受訪者相同的、完整的定義，可以讓研究者確認所得的資料是他想要的，而且是從每一個人所得到的相同定義的資料。

不過，關於標準化訪問最關鍵的爭論是在於：當受訪者對題目有疑問時，訪員該怎麼做才對。顯然的，所建構的題目，不可能對所有受訪者都是非常清楚，傳達的意義也都一樣。如果當一個受訪者對題意或語辭有疑惑，訪員應不應該多加解釋、澄清、覆述問題？還是由受訪者自行判讀題目的意思？這大概是一派堅持要標準化的人，和另一派主張要鼓勵訪員發揮創意、解決受訪者的問題之間最尖銳的爭辯了（Mishler, 1986）。

我們最重要的論點是，受訪者既在某種程度上對題意的理解有不一致的情形，對測量就會造成問題。我們也相信若是給訪員一個差勁的題目，他們也沒辦法得到好的測量結果。不好的題目應該在調查工作開始以前就要處理，而不是等到調查開始，訪問已經在進行中的時候。

再回頭看一下先前受訪者被要求對學校品質做評估的例子。讓我們假定研究者的本意是要受訪者從學校的教育條件做評估，可是在題目中忽略了這樣的說明。所以，在我們的例子中，有部分的受訪者可能在評估時，考慮的是運動的設施或體育課程。如果受訪者根據某些說明，誤解了題目的意思，或是受訪者反問訪員題目的意思，有些人

會認為這時候訪員應該要說明研究者真正的意圖。但是我們認為那樣會有反效果，只會導致更糟的測量結果，不會更好。

1. 當訪員察覺到受訪者對題意不確定或有疑惑時，而自行改變或修正題目，也就是變成某些受訪者被詢問了這個問題，可是另外一些受訪者卻被問了另外一個問題，在資料分析的時候就無從得知究竟誰回答了什麼問題了。而且如果受訪者實際上是回答了不同的問題，在分析時要合併或比較這些答案也是不適當的。

2. 除非只有一個研究人員包辦了所有的訪問工作，或是只有為數極少的一組訪問小組，否則我們很難相信，當受訪者要求訪員提供問題之外的定義或解釋時，所有的訪員所提供的解決方案會完全一致。事實上，我們認為當訪員想要增進資料的品質，使之與研究者的目標更一致而對題目下了一些判斷時，訪員將製造更多與研究者目標不一致的回應。

在社會科學研究中，有很多適合使用訪問的方式，而標準化訪問只是其中的一部分。但是當研究目標是要取得量化的資料時，我們認為一個標準化、非引導式的訪問是必要的。

關於本書：如何使訪員相關誤差減至最低

本書的主要目的是要介紹訪員的特徵與其行為如何影響到調查資料的品質，並且提供研究者一些可用的策略，以減低訪員相關的誤差。雖然需要更多的研究來釐清，究竟訪員應採取何種方式來應對不同資料蒐集的模式，但是本書所要討論的原則是同時可以適用於面對面的訪問以及在電話中進行的訪問。

既要探討如何減低或控制訪員相關的誤差，就必須先對該誤差的本質有所認識。本書第 2 章便涵蓋了與訪員相關的誤差及其測量之討論。所有的調查機構都認知到訪員在標準化訪問中處理問答過程的重要性。現在已經發展出一套提問題、追問不完整答案、以及記錄答案的標準。這些程序我們將在第 3 章介紹。在訪問中，從某個角度來講，問答的過程本身是一齣戲中戲。它是在一個較廣的脈絡中，將訪員與受訪者一起帶進結構化的互動。除此之外，現在最普遍的訪問方式是由受訪者透過電話，或親登受訪者的住所，然後建立起一種得以互動的關係。事實上，這種關係並無任何背景或歷史可循，最多只是藉著事先的訪問函，訪員在自我介紹、開場之後，便開始進入訪問。

相對而言，訪問的這個環節是被忽略的。然而在 Charles Cannell 等人在過去二十餘年來豐富的研究成果中，特別明列訪問進行的脈絡對於所得資訊的重要性；其中，他們特別強調，訪員如何處理訪問的開場以建立起整個訪問的脈

絡。在第 4 章，我們將介紹目前已知的有關訪員—受訪者互動的脈絡，及其如何影響到調查資料的品質。

也許研究者要改進調查測量品質所採取的第一步是給訪員準備一份手冊。

在早期的調查研究，訪員在被派出去訪問之前，只有被告知某特定研究主題的目的及蒐集資訊的指導（Converse, 1987）。很快地，他們就發現到，不同的訪員問了不同的問題，結果對蒐集回來的答案造成嚴重的影響。研究者後來學會了將所要問的內容一一寫成題目，這樣所有的訪員出去問到的都是同樣的題目，訪員對所獲得的答案的效應也大大的降低了。即使「訪員都應詢問同樣的題目」這樣最基本的觀點已經被接受了半個世紀以上，但是迄今為止，改進問卷的設計仍是控制訪員相關誤差最重要的方法。第 5 章將要介紹目前一些調查問卷設計的方法，以減低訪員相關誤差到最低程度。

任何想要盡量提高訪問品質的人都會要用好的訪員。在目前有關訪員方面的最新的研究之一是：究竟訪員特質，例如宗教、種族、性別、年齡或教育程度，會不會對答案產生誤差。顯然地，訪員訓練的方法，以及督導訪員的方式，也都是影響其訪問表現及所得資料品質的因素。第 6、7、8 章總結了目前有關訪員選擇、訓練和督導會影響到訪問及調查推估的品質的討論。

最後一章，第 9 章，我們從過去的研究經驗中歸納出如何將訪員相關誤差減至最低，以及如何應用標準化訪問程序將以調查為基礎的推估之品質提升至最高。

2

何謂訪員相關誤差

　　要測量調查中的誤差並非易事。理論上，誤差是調查
所得答案與研究者所要測量的「真實數據」之間的差異。
對一些事實性的問題，諸如受訪者年齡或是看病的次數，
還有可能去和可靠的資料對照，但是實際上卻很少真正去
做這樣的檢驗，也不一定真的可行。至於主觀的現象，如
意見、感覺和知覺，在理論上根本無從去評斷這類答案的
正確性。

　　在無法直接測量誤差的情況下，方法學家從一個比較
迂迴的方法來測量。若是從受訪者的反應中觀察到某種程
度的變異；或在所欲測量的現象中，從一般的反應中顯現
出不合理的差異，他們就會斷定其中有測量的誤差。

　　無庸爭辯地，我們可以假定：測量者的特質與行為不
應該對測量的結果造成影響。因此，當訪員與所得回答有
某種程度的關聯時，我們知道其中必定至少有某些誤差存

在。在本書中，當我們提到訪員相關誤差時，我們所指的是，在所得答案中的變異與訪問的人有所關聯。

我們也了解到，調查資料中的誤差有很多來源和訪員是不相關的：

1. 題目的用字遣詞會影響到回答；
2. 和所欲測量無關的受訪者特質也會影響到回答；
3. 訪問所進行的環境也會影響回答；
4. 一個問題在訪問中出現的時機也會影響到回答；
5. 和受訪者自行填答比較，訪員存在於訪問現場也會對回答有影響。

當在資料蒐集過程中，有任何一個關鍵會影響回答時，我們就可以推論誤差的來源。但在本書中，我們並不會直接討論其他的誤差來源。假如訪員拿到一組題目要去訪問，而且他們訪問的方式並不影響到受訪者的回答，那麼，就我們的目的而言，就沒有訪員相關的誤差了。如果這些回答並沒有測量到所欲測量的東西，解決的方法應該是要改進問卷的設計或是調查程序，而不是訪員本身。本書的目的只限定在如何在訪問中將因訪員特質所造成的誤差或變異減至最低，以及訪員如何有好的訪問表現。

標準化的重要性

　　如我們對訪員相關誤差所做的定義，我們也可以說，標準化訪問是減少該誤差的方法。要檢視訪員是否符合標準化的原則，就看他們是否對回答造成影響。如果顯現出訪員影響了回答，那麼他們就沒有符合標準化；相反的，如果他們沒有影響到回答，就是符合標準化。

　　但是，究竟那些訪員的行為和程序是最有效的資料蒐集過程？其中有許多實徵上的問題。顯然地，在真實的環境中，我們無法使訪員的所有舉止都一模一樣，而我們最重要的任務是要確定，那些方法可以讓訪員影響到回答的差別減至最低。為此，我們列出了各種可以盡量提高訪問一致性的程序及技巧，但是這些方案的有效性，仍視訪員是否影響回答而評定。

　　讀者必須要了解到訪員效應對資料的影響，會減弱研究者對有效的結論的推衍。訪員效應對資料的影響有兩方面，兩者也都成立：一是從心理測定的研究（psychometric approach）觀點；另一方面則是從抽樣統計的觀點來看測量結果。

　　心理測定的研究觀點曾在第 1 章有稍微提到。在社會科學中，測量品質評定的兩個標準是信度和效度。一個測量的信度是其產生一致結果的程度；如果一個人重覆測量相同的特徵或狀況，應該得到相同的結果。若訪員之間對不同的受訪者會造成某種程度的影響，其結果就會不一致。

所得到的結果不僅是反應了所要測量的「真實數據」，也是受訪者在情境下的任何差別反應，當然也反映了訪員的效應。顯然地，回答中訪員效應的部分是和所要測量的東西是不相干的，也導致了不可靠的資料。表 2.1 是該模型的粗略歸納。

表 2.1　答案變異之組成成分

真實的答案
+
訪員造成的誤差
+
其他的反應誤差
=
記錄下來的答案

效度（validity）一詞在社會科學中是指一個測量能與研究者所欲測量者相符的程度。理論上，一個調查測量的效度，可以用調查所得答案和同一件沒有誤差的事物的測量之間的相關或相符合程度來做評定。因此，一個調查結果和另外一個測量相同或相似現象測量的結果之間的相關程度，就成了效度的評定標準了（Cronbach & Meehl, 1955）。

表 2.2 總結了訪員相關誤差與其信度（reliability）與效度之間的關係及其計算公式。簡單的說，也就是調查所得之結果和研究者所欲測量之相關程度，會隨著訪員對答案的影響程度，以及訪員相關誤差而降低，此即為效度之操作性指標，也是評估測量過程執行好壞的重要標準之一。

表 2.2　相關性之無信度效應

1.　觀察到的變異（X）=真實變異（X）+誤差變異（X）

　　一個測量的變異包含了兩個成分：真正的變異，以及其他因為不可靠的測量的變異。

2.　信度=1-（$\sqrt{誤差變異}\big/\sqrt{觀察到的變異}$）

　　一個測量的信度是用 1 減去誤差變異佔總觀察變異的比例（此比例一定小於 1），所以這個信度係數的範圍一定介於 1 和 0 之間。

3.　「X」和「Y」之相關=真實的相關 × $\sqrt{信度(x)×信度(y)}$

　　兩個測量間的相關的大小會隨每一測量之信度的平方根的乘積而減低。

4.　效度（y）=「y」和標準「x」之相關

　　一個測量的效度決定於它和標準變數的相關。

所以：訪員所造成的誤差會降低一個測量的信度，進而限制了其反應有效相關性的能力。

　　抽樣統計學家則從另一種稍有不同的角度來看。抽樣統計學家是從以調查為基礎之推估——如平均數和百分比——的精確度來看，而不是注重在答案與其效度的標準之相關性。其中有兩點要注意的：首先是偏差（bias），也就是所有訪問結果之平均值和母群體真正數據的差異程度；第二是精確度，也就是根據調查所得的推估值，如平均數百分比，和假設從同一母體重複所做的調查結果，或沒有抽樣的情形（也就是可從每一個人都取得資料）所得結果的相近程度。統計學家稱此測量推估的精確度為「標準誤」。

推估值的偏誤並非代表訪問缺乏標準化。通常，讓訪員更一致化並不能減低平均偏誤，不過本書要討論的不是有關如何減低調查推估值的偏誤。

對抽樣統計學家而言，非標準化訪談之重要意義在於其對推估值標準誤的增加。訪員對答案的影響越大，某一樣本的標準誤就越大。

若要進行訪員的研究，我們需要一個統計數字來告訴我們訪員對資料的影響有多少。為此，Kish（1962）提出了層內相關（intraclass correlation）係數，其反映了某個推估值（如平均數）之變異量和訪員的關係有多少。假使訪員完全按照標準化的程序，他們就不應該和所得的答案有相關，層內相關係數就會等於零，也就是完全沒有訪員效應。若係數不等於零則表示訪員和所得的答案有關聯。

層內相關一般用 rho 來表示，其對訪員效應的測量和訪員所做的訪問數目無關，所以可以用來比較不同類組的訪員效應，和不同調查的訪員效應。它也可以用來比較不同題目受到訪員影響的程度。

在其廣泛的應用範圍中，唯有一點限制，那就是它只能在訪員所被指定的訪問是在整個樣本中具有代表性的次樣本時，才能計算出來，而其計算的公式相當複雜。

表 2.3 是在最簡單的情況下，計算 rho 的公式。第一個公式中，rho 是一個推估值，如平均數，其可歸因於訪員的變異量的比例；該數值也顯示了，如果假設成立的話，如何從一個標準的變異數分析的結果中計算 rho 的估計值。

表 2.3　Rho 的計算以及設計的效應

A.　在概念上，rho 就是訪員所造成的變異佔一個估計值，例如平均
　　數，其總變異的比例。

$$RHO = \frac{變異量(訪員)}{抽樣變異量 + 變異量(訪員)}$$

B.　在將訪員視爲隨機變數而做出來的變異數分析中，RHO 可以利
　　用「模式的平均變異」、「誤差項的平均變異」以及「每個訪
　　員的平均訪問次數」計算出來。

$$RHO^* = \frac{模型的平均變異 - 誤差項的平均變異}{模式的平均變異 + (訪問數 - 1)(誤差項的平均變異)}$$

C.　DEFT（the square root of the「design effect」，設計效應的平方
　　根）是在對母體抽樣所造成的標準誤之外的膨脹效應，其導因
　　於訪員對答案造成影響的事實。它決定於 Rho 的大小以及每個
　　訪員的平均訪問次數。

$$\sqrt{設計的效應} = \sqrt{1 + (訪員數 - 1)(Rho)}$$
　　　（DEFT）

註：這種計算方法必須在下列條件成立下才適用：（1）訪員必須訪
問一個在所有樣本中具有代表性的次樣本；（2）訪員訪問的次數要
大致相同。參照 Kish(1962)，Stokes & Yeh(1988)及 Groves & Magilavy
（1980）有如何計算 rho 的完整討論以及其基本假設。

　　一般 rho 的顯著值是在.01 和.02 之間（但有時會高
達.10），該數值表示有 1%或 2%的變異量是歸因於訪員；
從表面上看來，這樣的百分比似乎不構成太大的問題，然
而關鍵是，這個數字還要乘上每個訪員所訪問的受訪者的
數目。當訪員所訪問的受訪者數目越多時，對資料的影響
就越可觀、越顯著。

　　另外有一個統計數字稱爲設計效應（design effect），

該數字一般以 deft 的開方根表示，可以反映出該效應之數值代表。表 2.3 下面顯示了如何計算 deft，其爲 rho 和每位訪員訪問人數的平均數所構成的函數。舉例而言，如果 rho 是.015，而每個訪員平均的訪問數目是 50，則其推估值的標準誤會膨脹 1.32 倍；也就是說，若層內相關的推估值是.015，則其標準誤要比同一調查中層內相關爲 0 的標準誤要多 32%。

表 2.4　歸因於訪員效應×之平均數標準誤之估計值之乘數
——依部分 Rho 值及訪員平均指派次數

每個訪員的平均訪問次數	層內的相互關係（Rho）				
	.005	.01	.015	.02	.03
11	1.002	1.05	1.07	1.10	1.14
21	1.05	1.10	1.14	1.18	1.26
31	1.07	1.14	1.20	1.26	1.38
51	1.12	1.22	1.32	1.41	1.58
81	1.18	1.34	1.48	1.61	1.84
101	1.22	1.41	1.58	1.73	2.00

註：由樣本大小及設計計算的標準誤差之估計會被上表中的訪員效應之乘數所膨脹。

　　要在 rho、deft，抽樣統計學家對訪員效應之測量，與心理測定學家的信度、效度的測量之間建立一種簡單的數學關聯並不容易。其正確的計算方式還要依賴調查設計中其他變異的來源。不過，調查測量的效度和 deft，以及推估值的標準誤是呈（負）相關的。二者的重點在於：訪員效應越大，與訪員相關的變異量就越大，而要做精確估計或

是對相關性做有效結論時的資料價值就越少。

　　我們在訪員相關誤差顯著性之上還可以再加上一個標準化訪問程序的重要價值：可複製性（replicability）。研究發現應該可被其他的研究者複製，這是社會科學中的共同信念。如果在某種程度上，訪員可以發展自己的訪問模式，將問題呈現予受訪者的方式，以及處理受訪者問題的方法，那麼研究者就無法告訴其他研究者資料是如何蒐集的了。如果一個研究者無法複製出同樣的研究發現，也就無法清楚的知道究竟是因為研究發現不穩定，或是在資料蒐集過程中的差別影響了結果。

　　很明顯地，缺乏標準化的訪問程序會導致顯著的、可辨識的訪員相關效應。但是卻很少有研究者設計研究來估計其資料中的訪員效應。即使如此，提高訪員蒐集資料的標準化程度及其一致性仍為優良的研究執行中重要的一環，如此也才能提供他人重複研究結果的基礎。

偵察訪員相關的誤差

　　訪員相關誤差並不容易發現。若要偵察，則要特別的測量工夫。如果沒有特別的測量，很容易就會假設資料中並無訪員效應。以下有三種不同的方法可以確認訪員相關誤差，但每一種各有其優點及限制。

　　對訪員的直接觀察：可以從在現場的觀察員或錄音帶

來發現訪員是否有依標準化的原則進行訪問。從這樣的觀察可以偵測訪員是不是按照題目所寫的來做訪問、他們追問的題目是不是適當,以及他們所做的記錄是不是正確。在本書所報告的許多發現都是從訪問的錄音帶所得到的觀察(Hyman, 1954; Cannel, Fowler & Marquis, 1968; Fowler & Mangione, 1986)。

但是對訪員的觀察並不能顯示出到底訪員誤差的程度為何。雖然記錄答案上的誤差可以正確地被評估,但是至於題目敘述得不好或是不適當的偵測就無法直接評斷了。例如,錯唸題目,雖不是一定會,但至少常常會產生誤差。因此,這些研究可以透露出訪員是否如我們想的會影響到答案,但是卻沒有直接的證據顯示實際上影響到什麼程度。

將訪員與其所得答案關聯起來:是第二種偵察訪員效應的方法。假如訪問是標準化的,這種關聯應該不成立。有一些研究已經討論過,用層內相關看是否能來從訪員預測答案(Kish, 1962; Fowler & Mangione, 1986; Groves & Kahn, 1979; Groves & Magilavy, 1980; Stokes, 1986a; 1986b; Stokes & Yeh, 1988)。有些研究則試圖將特定訪員的特徵與所得答案做相關(如:Schuman & Converse, 1971).

這樣的研究需要有一些一般調查沒有的程序。尤其是當受訪者是隨意或為了方便而指定給訪員的情形下,就沒有辦法從其不同的樣本分辨中訪員效應了。為了對資料的訪員效應做有意義的分析,必需要在樣本中,指定有代表性的次樣本給訪員(或至少樣本中可定義的部分)。但是因為那會是一種較罕見的設計,大部分的受訪者無法從其

資料的結果發現訪員是否有顯著的影響。

　　驗證調查所得的答案：當可以從另外有效的管道得知「真正」的答案，此則為第三種評估調查誤差的方法。已經有一些這方面的研究是和公開的資料做比較。例如選舉人登記名單或是酒後駕車的起訴記錄（Locander et al., 1976），或者是和一些醫療記錄，如住院或看病等事件（Cannell, Marquis & Laurent, 1977a）。一般而言，要做調查的原因正是因為缺乏想要蒐集的資訊，如果可以做驗證研究的話，也會受限於少數可以檢驗的資訊，而其樣本也可能不具母體的代表性。因此，雖能證明這類研究可以增加在方法上寶貴的知識，相對來講，它也是非常稀少，亦有其限制。

　　本書所舉證的例子都是從上述幾個類型的研究而來的。雖然這類研究的數目很少，但是這些先前的研究已經提供了充分的證據顯示：在調查中，訪員是誤差的一項重要來源。例如，在有關訪問程序的研究當中，Cannell（1968）發現，健康調查訪問的訪員所做的偵測中，有 35% 被歸類是引導性的偵測，可能對答案會造成影響。Groves 和 Kahn（1979）曾發表一篇研究的歸納，並計算了訪員的效應；他們發現在他們所用的研究中，平均有三分之一的題目其與訪員相關的層內相關係數高達.015 以上。如表 2.3 所顯示，若每個訪員平均做五十次訪問，其層內相關會增加 32% 的標準誤；顯然地，這些層內相關程度高的題目會對其標準誤有較大的影響。從另一個觀點來看，Sanders（1962）發現在一項調查中有關健康狀況的報告，一半以上的變異

量是歸因於訪員。Cannell 等人（1977a）在一項利用記錄檢驗的研究中發現，在健康狀況的調查中，訪員被指定的訪問量和報告的住院百分比之相關程度達.72。

結論

應用上述的多種偵察訪員誤差的方法，結果都在在顯現出訪員是調查中誤差的一項重要來源。研究機構或研究者都很容易忽略訪員相關的誤差，因為若無特別的工夫，其偵察不易。但是無庸置疑的，調查資料未如預期的好，和訪員未依標準化程序有絕大的相關。而且，相較於一些減少調查誤差的策略，如增加樣本數，減低訪員相關誤差的策略在成本上卻意外的低。因此，接下來我們就要討論如何減低調查中訪員相關效應的方法。

3

標準化訪問技巧

　　雖然說要執行一個好的、所有訪員都表現一致的標準化調查並不簡單，我們以下還是先簡單列出幾項可以讓訪員遵循，才得以標準化方式處理問答過程的程序：

1.　逐字唸出題目。
2.　如果受訪者對原始題目的回答不完整或是不恰當，繼續以非引導的方式追問，以做更進一步的釐清；也就是用一種不會影響到答題內容的方式。
3.　不以訪員的判斷記錄答案，答案應該要忠實記錄受訪者所陳述的，而且也只能記錄受訪者所陳述的。
4.　對於答案的實質內容，訪員應以中立的、不加判斷的立場傳達。訪員對訪問所涵蓋的主題不應提出自己私人的意見，以隱射任何特別價值觀或個人好惡；訪員也不應該為受訪者的回答內容提出正面或負面的回應。

然而，要真正執行標準化的訪問還有兩個主要的困難：

1. 不適當的調查工具。如果問卷本身不是設計成可以容易地以標準化方式來管理，標準化的程序也就不易遵循；我們在第 5 章對這方面有更進一步的討論。
2. 受訪者並不清楚他們被期望做些什麼。調查訪問中的測量過程是一種團隊共同的努力結果，需要雙方參與者扮演各自的角色。訪員在執行工作時遭遇的主要困難是，他們無法、或不知道如何訓練受訪者進行訪問。這個課題我們將在本章稍後做討論。

　　此外，還有兩個因素會增加訪員無法做好標準化訪問的可能性，尤其是在問卷上或受訪者方面遇到困難：

1. 訪員一般會希望得到正確的答案，因此當標準化和正確性的目標相衝突時，他們就會遭遇標準化的困難。
2. 訪員喜歡以較好的風度、較有回應性的對待來面對受訪者，所以當他們感覺到，在表現出訓練有素的舉止和與維持一種受訪者期待的關係相衝突的時候，他們也會在標準化上感到為難。

　　標準化的目的並不是要和獲得正確資料或是對受訪者的回應態度產生衝突。本章的最後一部分將提出如何一方面完成標準化訪問，又不至於忽略了其他重要目標的策略。表 3.1 總結了標準化訪問的技巧及其困難。

表 3.1　標準化訪談及其阻礙

標準化訪談的技巧
1.　逐字唸出題目。
2.　追問不適當的答案。
3.　不加評斷的記錄答案。
4.　對於答案內容不做個人的判斷。

標準化訪談的障礙
1.　不恰當的調查工具。
2.　受訪者不知如何扮演他們的角色。

訪員無法達到標準化的原因
1.　正確性的目標和標準化的目標不一致。
2.　保持融洽關係的目標顯然和標準化的目標不一致。

逐字唸出題目

　　在我們所研究過的訪員手冊中，幾乎每一本都把「按照題目所寫的逐字唸出」作為是一個好的訪問技巧的首要基本原則。表面上看來，它似乎是一項知行皆易的原則。因此，當了解到訪員常常沒有按照題目逐字逐句唸出時，是頗令人訝異的。

　　有四個研究將訪員與受訪者的互動情形記錄下來，結果發現，訪員變更題目用字的比例在 20%到 40%之間。（Bradburn & Sudman, 1979; Cannell, Fowler & Marquis, 1968; Fowler & Mangione, 1986; Cannnell & Oksenberg,

1988）除此之外，這些研究都是由特別注重嚴謹的研究方法的調查研究機構所執行的。而且這些數據的估計可能還比實際訪員改變題目字句的比例要更保守。

訪員為什麼要變更題目呢？在某些情況，撰寫題目的人要負最大的責任。如果題目唸起來很坳口，訪員就容易會去變更題目了。他們也會特別去做一些強調，因為他們認為這樣可以使受訪者較容易去抓住題意。但是這樣的理由只能解釋訪員失誤的一部分。我們認為會促使訪員變更題目的最主要原因是因為訪員希望營造一種較會話式、非正式的互動。其中的一個作法就是在題目中加上一些個人的提示。而這樣的作法會隨訪員的經歷持續擴大，除非當訪員未照題目逐字唸出時，有督導性的措施介入。Bradburn 和 Sudman（1979）發現越有經驗的訪員比新訪員在讀題時，越會採用非正式的方式。

當然大部分在字句上的改變都不大；大部分的訪員也會說他們基本上有按照題目逐字唸出。從測量的觀點而言，重要的問題在於題目字句的更動是否對測量的品質造成差異。我們不肯定答案是什麼，但是我們知道題目字句的些微差別可以對回答造成很大的影響。

我們可以這樣來看：若用層內相關來測量那些最會被訪員誤讀的題目，是不是特別會產生很大的訪員效應。我們的答案是否定的；當訪員遇到難唸的題目而做一些更動，一般並不至於會對資料產生顯著的訪員相關效應。

另一種方法是看那些特別會用非正式的方法讀題的訪員，會不會產生特別偏差的資料。我們的評估是根據二十

個訪員訪問錄音帶的記錄。因為每一個訪員的訪問樣本是依總樣本的機率所抽出的次樣本，因此可以從訪員次樣本所得的推估數據檢驗是否有異於總樣本。我們只有從訪員的次樣本中計算一些我們認為較會有偏誤的推估。也就是和總樣本平均數比較起來，會掉入偏估的方向。該計算和多項訪員在標準化訪問技巧上表現的評估是相關的。

我們發現在多項技巧的評估中，例如讀題、追問、以及答案的記錄等，都是相互有關的，所以我們無法單將特定一項好的讀題方式，或是從好的追問分開來。因為只涉及二十位訪員，初步的相關程度未達顯著，但是包括讀題在內的所有標準化作法，其間的相關方向正如所預期的；亦即，被評為有較佳訪問技巧（包括讀題在內）的訪員，其所得資料較沒有偏誤。

第三種方式是檢視有關題目字句的研究。Schuman 和 Presser（1981）做過一些試驗，故意將題目字句做一些小更動，再比較其結果。基本上，有些情況下在字句上做一些很小的更動，結果對答案的分布會造成很大的改變；但另外有些情況，反而在題目字句上做很大的更動，只對答案有一點點影響。

　　　　問題　A：是不是應該禁止共產黨員在美國的公開場合演說？
　　　　問題　B：是不是應該允許共產黨員在美國的公開場合演說？

「禁止」和「不允許」在概念上應該可以說是一樣的；但對受訪者卻不然。例如，當比較回答兩個題目的樣本時，大約有 50%的人回答美國應該「不允許」共產黨員在公開場合演說；但是只有 20%的人認為美國應該「禁止」他們演說。這個結果顯示，如果訪員在題目中，用「禁止」取代「不允許」的話，對資料會有深遠的影響，而且也會產生訪員相關的誤差。對訪員來講，這樣的變換似乎是無害的，也比較口語化，可以讓題目更好；那麼你就可以上面這個絕佳的例子來告訴訪員為什麼要逐字唸出題目了。

　　訪員也被教導把選項一一讀出。但是這樣的選項——「或是你對這個主題沒有意見」——則很容易會被擅自增減。Schuman 和 Presser 對於選項的問題也提出了一些例子。有兩個可比較的樣本被詢問到他們是否贊成或反對1978年的一項編造的農業貿易法案；一組樣本直接被問到「或者你對這個問題沒有意見」，而另一組樣本沒有被問到這個選項，只被問及是贊成還是反對該法案。結果樣本中有69%主動說他們不知道答案，但是在有被提供「無意見」選項的樣本中，有90%的人選擇了該選項。

　　是否加上「無意見」的項目對答案的分布有極大的影響。只有一個選項沒有唸出看似一個小變動，且使題目較容易唸，但是卻會產生訪員相關效應。

　　在另一方面，Schuman 和 Presser 在另外的試驗中卻發現在字句上做大幅的改變似乎對答案沒有太大影響。例如，將「妊娠終止」一詞換成「墮胎」，對人們的答案並無影響。

因此，總結而言，理論上主張要使訪員確實按題目讀題是很容易理解的。如果訪員沒有確實按照題目來讀題的話，研究者無法確知到底題目是怎麼問的。但是，指示訪員不可擅自變更題目的一般指導原則還不夠充分。訪員還是照樣重組字句，除非有一些明顯的措施來防止。而且，訪員這樣的作法會隨時間而增加，除非這種趨勢被遏止。通常訪員重組題目字句的動機是無害的，且是有建設性的，是為了要使題目更清楚，和受訪者之間的互動更順利；簡單地說，就是為了要改進整個研究者的工作。有時候這些努力是無害的，但有時候卻會造成極大的差異。基本上，在研究者方面需要花更大的努力，更多的工夫來使題目可以被逐字唸出，但是若想做到嚴格的測量，則必需要花更多的努力。

追問不適當的回答

在理想的狀況下，研究者寫了一個很棒的題目，訪員也逐字唸出題目字句，受訪者也提供了完全符合題目的答案。當然，這樣的情況並不多見。如果最開始題目唸出後並沒有得到令人滿意的答案，那麼受訪者應該繼續採取一些動作讓此問答過程能朝著所欲的方向繼續進行。但是訪員的舉止行為沒有辦法預先設定，因為要解決的問題是隨著情況而變。但是，我們的目標是要使訪員在處理問題時，

能在諸多訪員和受訪者之間都是一致的,而且不會因而影響答案的內容。這種作法,實際上牽涉了好幾個步驟,被稱為非引導式的追問。

實際上有兩類的問題需要訪員來解決。第一,他們有時候要為受訪者澄清題意;第二,他們要激發受訪者對原來不夠完整的答案再加強、再澄清,或是再做修正,以達到題目的目標。

原則上,要澄清問題應該是蠻簡單的。常常受訪者不能立即了解題意的話,只是表示他們對題目中的一部分不能掌握。訪員的反應則是整題再唸一遍,強調受訪者第一次錯過的字句或部分。雖然偶而第二次唸題時會省略掉一些介紹的部分,訪員確定要把整題唸出,這樣受訪者才能和其他準備回答問題的人有一樣的刺激條件。

當然,有些情況下,問題不出在受訪者沒有聽清題目,而是對受訪者而言,題目中有一些模糊不清的語詞或概念。我們的看法是,在那樣的情形下也沒有理由會有訪員的差異。如果在題目中對該名詞有加以定義,訪員可以把定義再唸一次;若在題目中未定義該名詞,那麼受訪者則應該就他們對該名詞的最佳詮釋來回答問題。

我們清楚研究者想要將可能造成含糊的語詞的定義寫在訓練手冊裡,當被問到時就可以使用。但我們要毫不猶豫的說,那絕對不是解決的辦法。訪員不能在訪問進行到一半時,再去翻閱訓練手冊來確定研究者提供的用語。訪員也許會試著從記憶中給一個手冊裡的定義,但是這樣做會造成訪員和受訪者之間的不一致,而造成訪員非標準化

的刺激。最糟的是，只有那些提出疑問的受訪者才會被告該定義，而其他的人（包括那些有相同疑問的）沒有機會知道那個定義。

對受訪者和訪員來講，當碰到一個題目，而其中有一個顯然是很重要的語詞卻可能有多重意義，又未被界定清楚時，這的確是令人感到相當挫折的。當一個受訪者反問，看精神醫師的次數算不算在看病的次數裡，「看你怎麼想」這樣一個反應也許看起來很荒謬。但是，要解決定義上的問題應該早在資料蒐集以前，而不是在訪問進行當中。要解決問題的人應該是研究者，而不是訪員。一旦已經開始蒐集資料了，要達成測量任務的最好方法是，訪員一致地將所有的問題以標準化的方式呈現出來，包括定義不佳的概念。

追問任務的另一部分是要獲得符合題目目標的答案。在某種程度上，訪員的動作視受訪者的任務而定。受訪者的任務一般可以分成三種類別：從題目中的答案選項的部分挑出一個答案（稱之為封閉式問題），提供一個數字性的答案，以及用受訪者自己的話來陳述答案（稱之為開放式問題）。

追問封閉式問題

當受訪者被要求從一堆選項中挑選一個答案而他卻沒有這樣做時，訪員的任務便是要向受訪者解釋，答題的方法就是要從選項中挑選一個答案（此稱為訓練受訪者），

然後再將題目唸一遍。

在處理這種情況時，訪員可能會犯兩種錯誤。首先，訪員可能接受一個與選項之一並不太契合的答案，然後將該答案過錄到那個類別中。簡單地說，訪員可能自己挑了一個答案，而不是讓受訪者自己來做。

這種情形的發生是很容易理解的。

訪員：「您對於您的學校評價如何——很好、不錯、還可以、還是不好？」
受訪者：在這附近的學校都不是很好。

現在，應該可以明白為什麼訪員可能會勾選一項，然後繼續下去。當然，問題是有些訪員有可能勾選了一個還蠻適切的選項，但有一些卻挑了一個不合適的選項。如果訪員聽了受訪者的回答，然後做了某種調整以得到一個答案，那麼訪員之間的不一致的程度就可能很大了。當受訪者選擇了一個答案，並不保證絕對沒有誤差，但是至少這個答案只由受訪者決定，和訪員無關。這就是標準化所要做到的。在追問封閉式問題時，訪員可能會犯的另外一個錯誤是當選項需要被複述時，沒有將之全部複述一遍。例如在上面的例子中，受訪者回答「不是很好」，可以想見訪員可能做這樣的追問：「那麼，您的意思是還可以，還是不好？」這樣是不好的作法，會影響到答案。對於「好、還可以、不好」的尺度，和「很好、好、還可以、不好」的尺度，兩者答案的分布很顯然是會不同的。受訪者對題

目的字句做回應，也對題目選項的尺度及其排列次序做回應。只截取選項中的一部分就不是和原來相同的刺激條件了，亦會影響到答案。

追問數字性的回答

　　當所要問的是數字性的答案（numerical answers）而非類別的選項時，訪員最常要面對的問題是準確性的問題。受訪者可能回答一個數值的範圍或是一個整數，而訪員可能希望能讓受訪者的答案更精準一些。

　　其中，一種不適當的動作是做引導性的追問。引導性的追問會使某一個答案出現的情形多過其他的答案。訪員會製造引導性的追問的情形有很多種，但是有一個簡單的確認方法就是看它是否可以用「是」和「否」來回答。這種追問被稱為是引導性的，原因在於，本質上他們建議了某一個特定答案的可能性。受訪者被問及這類問題時，比較容易去回答「是」。所以，任何可以用「是」和「否」來回答的追問，都是引導性的追問。而且，任何在追問中列舉或提及某些可能的答案，而排除其他答案時，也是引導性的追問，因其增加了被列舉的答案被選擇的機會。

　　需要數字性答案的題目通常必須由訪於員來追問特別的細節，因此容易會有引導式的追問。

　　　　問題：在最近七個晚上，有幾次您的睡眠少於八小時？

回答：我通常都有八小時的睡眠。

引導式追問一：那麼，在最近的七個晚上，答案是不是 0？

引導式追問二：那麼，在最近的七個晚上，最好的答案是不是 0、1、或者是 2？

非引導式追問一：在最近七個晚上，有幾次您的睡眠少於八小時？

非引導式追問二：那麼，在最近這星期，最好的答案是比兩次多，還是比兩次少？

非引導式追問二之後續：(如果答案是比兩次「少」) 那麼，在最近的七個晚上，最好的答案是 0、1、或者是 2？

顯然地，前面兩種追問的問題在於他們建議了特定的一個答案。第一種最糟糕，很明顯的，是一種可以用「是」和「否」來回答的問題。第二種沒那麼糟，但是訪員已經將受訪者可以回答的範圍窄化了。它已經先主動將 0、1、2 以外的答案排除了。

在這樣的情形下，最好的方法就是把題目再唸一遍，因為受訪者答案的問題是在於它根本還沒有回答問題。重覆再唸一次題目的最大好處是，它是一種最標準化的作法，因為訪員沒有憑空創新題目。

從保持不引導的原則來看，非引導式追問二是可以被接受的，雖然比較不合乎標準化。這種情況，訪員用了一種稱為「集中瞄準」（zeroing in）的技巧。訪員先對答案

可能出現的範圍做一個合理的猜測，然後詢問一個非由訪員預設的問題，其中，答案會落入關鍵值左右的某一邊。當得到追問的答案時，再接著提出後續問題以確認答案的範圍。

　　有時候，「集中瞄準」是唯一或最有效率的方法，使受訪者的答案可以更精確。不過，我們自己比較偏好是讓受訪者自己對其正確答案的落點做估計，而不是由訪員或研究者；讓受訪者明白他的角色，回答最初提出的問題。簡單的說，我們秉持的策略仍是訓練訪員，使其限定於所寫的問題，僅此而已。

追問開放式問題

　　訪員追問工作最困難的就是和開放性問題有關的。訪員要對所得的答案做三種判斷：這樣是不是回答了問題？回答是不是清楚？回答夠不夠完整？

　　在訪員的訪員手冊中，我們發現各機構對於訪員追問規定的差異要比逐字讀題的規定還要大。有一些機構似乎可以接受，甚至鼓勵訪員用各種會話式的方法讓受訪者可以對其答案多做澄清。我們比較傾向於只讓訪員做些許的追問。

　　實際上，我們除了訓練訪員複述問題之外，他們還需要用三種追問的方法：

1. 您意指的是什麼？

2. 再告訴我多一些關於您所提的。
3. 還有沒有其他的？

　　這三種追問很容易記，而且是非引導式的。這些方式不會讓訪員有機會創新題目而導致該訪問在受訪者或訪員之間造成差異。我們覺得研究機構在某種程度上鼓勵有創意的追問，在缺乏標準化的情形下，任何多樣性與會話性追問的優點也將被抹煞。而且假使創意性的追問確實是非引導性的，他們可能歸結起來是如上述方法中的一種。

　　訪員的任務是要決定那一種追問是適當的。包括複述題目在內的四種追問，相對有四種受訪者不當的回答：

1. 答案的內容並未回答問題，而是答了某個其他的問題。訪員應該再將題目唸一遍。
2. 答案中有一些不清楚的概念或名詞，使之語意模糊。訪員應該這樣追問：您意指的是什麼？
3. 答案不夠詳盡或特定。訪員應該這樣追問：再告訴我多一些關於您所提的。
4. 所給的答案非常適當，但是有可能受訪者還可以提出其他的觀點，這時候，訪員應該這樣追問：還有沒有其他的？

　　以下是一些可以使用這些追問的狀況的例證。

　　問題：從您的觀點來看，住在這附近最好的事情是

什麼？

　　評論：對訪員和受訪者來講，這種是最難應付的問題之一，因為「事情」的類別根本沒有特定。它全由受訪者和訪員來決定這附近有什麼特別可以提到的，要講到多仔細。

　　答案一：我們上次住的那裡，人都來來去去的，人們並不在乎要維持鄰居的關係。

　　評論：這個答案出的問題在於它並沒有回答問題。雖然從過去住家附近的描述中大致可推論到一些有關目前住家附近的一些特徵，但是問題要問的是目前住家的描述。

　　追問：把問題複述一遍。

　　答案二：這裡的人。

　　評論：這可能是我們問題的答案，但是沒有人猜得出所指的是什麼。需要再加一點工夫。

　　追問：再告訴我多一些關於您所提的人們。

　　答案三：這裡的人是好鄰居。

　　評論：有人可能會覺得這個答案蠻好的。其實很難說。像我們提到的，這個題目的問題之一是訪員和受訪者並無線索可知什麼樣的答案是研究者會滿意的。這個答案是否夠清楚，取決於問題的目標和過錄的程序。然而，建構「好鄰居」的意思會隨受訪者而不同，關於這點，目前在答案中並沒有任何資訊。一個好的訪員應該可以從追問中發掘受訪者的意思。

　　追問：您所謂的好鄰居是什麼？

答案四：他們只管他們自己，不會來打擾你。你不用擔心要去和他們交際，而且也不用擔心他們是怎麼想的。

評論：這個令人訝異的答案顯示出追問的重要。若照最開始的答案，有人大概會期望，「好鄰居」的答案是會去描述住在附近的人是多麼熱情、友善、熱心助人。我們現在了解受訪者所謂的好鄰居了。不過，受訪者對住家附近有可能提出不只一件「事情」。

追問：好了，我已經記下來了，還有其他的嗎？

評論：如果一個問題可以讓受訪者提出無限制的觀點，訪員應該再問：「還有其他的嗎？」直到受訪者回答「沒有了」。

追問不知道的回答

當受訪者回答「不知道」的答案時，訪員在追問上有特別的問題。對一個知識性的問題，「不知道」可以是一個合法的答案。它也可能意味著：

A. 它是受訪者一種反應的模式，當受訪者在思考答案時，以此為開場；

B. 受訪者之前沒有想過這個問題，可是如果他想一下，答案就出來了；

C. 受訪者知道答案，但是不確定就研究者的標準來講，夠

不夠正確或詳盡。

當受訪者說「不知道」時，訪員的第一個工作就是要先辨識問題的來源。

A. 如果「我不知道」對一個訊息性的問題來講，被認為是一個正確、考慮周詳的答案，則訪員寫下答案後，繼續問下一個問題；

B. 如果那是一種延遲反應的模式，訪員要給受訪者有時間來思考。訪員可以把題目再唸一遍，以幫助受訪者仔細思考；

C. 如果受訪者未曾想過這個問題，訪員應該鼓勵受訪者去思考這個問題，並且特別強調受訪者是特別適合對該主題提供訊息。然後再唸一次題目；

D. 如果受訪者沒把握答案的品質或準確性如何，訪員應該再肯定一次。答案無所謂對或錯，問題是設計來取得人們自己的感覺或意見。受訪者自己的最佳估計絕對比沒有任何訊息要好。然後訪員再把題目唸一遍。

追問誤差的類型

追問絕對是訪員技巧中最難學的。訪員通常會犯的追問誤差有兩種：引導性的追問，以及該當追問時沒有去追問。

在最開始，研究者擔心的是訪員會引導性的追問，以取得他們自己所想的答案。例如，研究者會認為共和黨的訪員追問的方式會使支持共和黨立場的答案數目增加。如果訪員被訓練得很好，那樣的事情應該不會發生（Hyman et al., 1954）。訪員似乎會去引導性追問主要是當他們認為他們知道受訪者有困難將其欲表達的答案清楚地表達出來。

引導式追問是放鬆訪員和受訪者互動的一種策略。當訪員多次追問一個問題仍無法使受訪者提出符合題目目的的答案時，他們會感到有壓力。當受訪者已經說了很多，而訪員和受訪者都相當確定訪員已經知道答案，訪員最簡單的作法就是說，「我想您是想回答 X，這樣對嗎？」

訪員會犯的另一種誤差是當答案需要被追問的時候沒有追問，或是沒有一致地選擇那些答案要不要追問。有三種情況被發現是在追問時特別容易有訪員差異的。

第一，Hyman 等人（1954）發現訪員的期望會影響到他們追問的行為。特別是在他們取得一個如他們預期的答案時（根據他們對受訪者的了解和其他已有的答案），訪員傾向於就接受那個答案而不再追問。但是，當受訪者的答案和訪員所預期的並不一致，訪員就會再追問，以確定講得沒有錯。此例說明了憑自我意識判斷的訪員行為如何會在答案的處理上不一致。

對那些可能有多重答案的題目，訪員也可能在獲得的答案數目上有所差別。訪員詢問「還有其他的嗎」的頻率也有不同。按照一致性的追問原則，有些訪員就會比其他的人獲得更多答案，而影響到資料。

第三，訪員在處理「不知道」或同類的答案時，一致地都會有差異。在受訪者一開始回答不知道時，有一些訪員花更多工夫或是更成功地去取得意見或答案。

　　追問是問答過程中無法完全被標準化的一部分。如果第一次詢問問題時，受訪者沒有提出適當的回答，訪員就要做一些決定了。其對應方式無法完美的被設定。任何時候訪員都有機會要做判斷，也就有機會會使訪員或受訪者間有不一致的情形，那就是發生訪員相關誤差的時候。

　　在調查測量中，追問是一項重要的誤差來源嗎？答案是絕對的。在 Hyman 早期的研究中顯現，追問的差異是訪員行為中最主要會產生誤差的原因。上面所舉出的兩個問題，「不知道」答案處理的方式，以及從受訪者獲得的答案數目，都一直是與訪員效應相關的題目的特徵（Groves & Magilavy, 1980）。在我們的研究中，開放式追問的品質和訪員所得答案的偏誤是相關的，而且有相當的顯著程度（p=.07）。除此之外，就如將在第 5 章做更詳細的討論中，最會和訪員效應有關的題目，最有可能需要訪員的追問。

　　我們在第 5 章也將強調，我們認為要減低追問成為訪員相關誤差原因的最有效方法就是要改進題目的品質。訪員越不用去追問，他們越沒有機會去製造誤差。而且我們也絕對相信必須減少訪員追問的多樣性。訪員越是用創新的刺激條件來讓受訪者回應，他們越會不一致而造成誤差。而且，受訪者在訪問的時候除了去想一些創新的追問方法，還有很多事要做，一個好的題目不僅可以減低追問的需要，也會在需要追問時，減少不一致的情形。

記錄答案

　　訪員的工作就是要記下受訪者提供的答案。標準化記錄的關鍵是在所記下的內容中排除訪員的判斷、訪員的歸納、以及訪員的效應。標準化記錄的規則因開放式和封閉式題目而不同，也因問題要求事實性的答案或要求意見、感覺的答案而不同（見表 3.2）。

　　對封閉性的題目，訪員主要的任務是要讓受訪者挑選一個答項，再把所選的答項勾起來或是記錄下來。除了文書上的誤差外，唯一可能的記錄誤差就是訪員表示該答案是受訪者選的，但實際上不是。

　　要記錄開放式的意見、感覺的回答，規則相當清楚、簡單：逐字地寫下答案；也就是說，訪員應該寫下受訪者所答的確切字句，不做總結，也不刪減。已有許多文獻指出，每一個訪員總結或改寫答案的方式都不一樣（Hyman et al., 1954）。要使訪員不去影響答案的一個方法就是減少訪員在記錄上要做的判斷。

　　當題目是屬於事實性的，無論答案是封閉式或開放式的，其原則相差無幾。主觀性答案的記錄高度依賴於它的措詞方式、及某些重點是否被提及；而事實性的題目（factual questions）一般要問的是某種特定的資訊。受訪者的措詞並非是關鍵的，訪員應該要將受訪者的答案中與題目呼應的訊息寫下來。除此之外，如果題目中包含了一組答案的選項時，而受訪者不是選了一項，訪員最好的作法大概就是

將受訪者提供的相關訊息寫下來，不一定硬要讓受訪者選出一項。

表 3.2　記錄不同形式題目的答案之守則

開放性、事實性的題目：寫下所有與題目目標相關的資訊。

開放性、意見性的題目：逐字地寫下答案；不做釋義或總結。

封閉性、事實性的問題：

- 勾選受訪者所選擇的答案。
- 若受訪者不確定那個答案適合，那麼比照開放性問題的處理方式，將所有相關的資訊都寫下來，最後在過錄的時候會再決定如何處理這些答案。

封閉性、意見性的問題：

- 勾選受訪者所選擇的答案。
- 一直追問到受訪者選擇一個答案止。
- 除非受訪者選擇了他指定的選項，否則不將答案歸類到任一選項。

　　詢問事實性問題的重要實際狀況之一是：有時候很難期望所有可能的特殊狀況都會遇到。而且即使受訪者也許會遇到一些沒有提供定義的問題，但基本上還是給了一個正確的答案。對訪員來講，提供定義或是去幫助一個受訪者答題，但是對其他受訪者給的又是另外一套，這樣不是一個好的作法。訪員創造出預期之外的方法來處理某個特別情況，這是不能容許的。對於一個事實性的題目，好的作法是，把所有與回答問題有關的訊息都集中起來，因為其他對關鍵性概念的詮釋也會影響到答案。之後，研究者可以訂定一致的過錄原則，適用於所有的受訪者。

　　在先前的例子中，我們討論到一個看醫生次數的例子。

有一個受訪者想要知道如果只有護士在場，沒有醫師，是不是要算在內。如果受訪者和訪員從題目中沒有辦法確定計算的原則，理想的解決方法是將所有訊息都寫下來，包括相關的註釋：「有四次是醫師看診，還有十次看診只有護士在。」

另外一種常見的記錄的困難可以用「受過幾年正規教育」的例子來說明。有很多中學後的教育經驗和現行一般的教育學制不太相通。假設有下列幾類選項：中學肄業及其以下、中學畢業、大學肄業、大學畢業。受訪者想要回答是中學後的藝術、音樂、護理、汽車修護等教育程度。這種情形下，不太可能一一告訴訪員那個可以算大學教育，那個不算大學教育。訪員要做的事就是把受訪者有過的教育經驗寫下來，讓負責過錄的單位做一致的處理。

因此，事實性的題目對標準化測量的威脅是在於訪員自行做決定。逐字的記錄並不是那麼必要，對標準化測量重要的是，要將所有的相關資訊都記載下來，以供進一步詳細、一致的決定。

我們對訪員研究的結果顯示，訪員在記錄封閉式答案會犯的錯相當少。對於開放式意見的題目，逐字記錄品質的差異較多。它需要訪員多下些工夫，而除非督導人員堅持，否則訪員不會主動去做的。正因為讓訪員總結或改寫答案是不合乎標準化的，所以這個堅持特別重要。如前面提到的，Hyman 等人（1954）發現訪員的預期會影響到他們所記載的內容。訪員傾向於將記錄做成和他們對受訪者的感覺一致的方向；他們做的總結或修改會使答案中留下

矛盾和微妙的差異。

立場保持中立

　　所有的訪員手冊在標準化的過程中，都鼓勵他們要保持中立的立場。有時候很難確切地理解它所指爲何，不過我們認爲至少包含下列幾項：

1. 訪員不應該主動提供受訪者有關個人對於生活狀況、觀感、或價值的訊息。特別是與任何訪問主題可能有關聯的特徵，不過大部分的調查機構至少基於三種理由要盡量減少類似的對話。第一，主動提供訊息可能破壞以蒐集資料爲先的專業性，而不是個人的關係的建立之目標。第二，雖然訪員從外表可觀察得見的人口特徵不盡相同，談論個人情況及觀感只會使其差距加大。第三，有關個人觀感及背景的資訊可能會直接影響答案。最嚴重的可能，受訪者會試著去猜測什麼樣的答案是訪員偏好或看重的。

2. 在訪問的互動中，訪員應該要注意到，提供給受訪者的回饋不會隱含任何對受訪者答案內容之評估或判斷。很自然地，受訪者會在意訪員如何看待其答案。訪員應該要小心，勿將非正式的人際舉止涉入訪問的過程中。

這方面的標準化訪問，只需一些訓練，訪員就會做得不錯；未經訓練的訪員就不然了。在我們的研究當中，只接受極少訓練的訪員中，有超過三分之一被評為在人際方面需要改進；但是，在受過稍多一些訓練的訪員所做的訪問中，有超過 85%的訪問，在處理人際方面的事情被評為是「令人滿意的」或更好的評價。（見第 7 章）。

　　這些資料和 Hyman 的研究結果是一致的。他擔心訪員的個人觀感會傳播給受訪者，而根據受訪者的報告，他們對於訪員的意見毫無所知。當他們確實認為他們知道訪員的立場，他們所知道的意見也是不正確的。顯然地，當受訪者認為他們知道訪員的意見時，他們也幾乎都認為訪員都同意他們的意見，無論訪員的真實看法是什麼。

　　在我們對訪問互動的觀察中，很少見到莽撞的評論。在訓練中，我們告訴他們這樣的故事：有訪員詢問受訪者喝多少酒，當受訪者說他一天喝六杯時，訪員的反應是，「喔，我的天呀！太可怕了！」在一個進行得相當不錯的調查中，這種事實際上不會發生的。

　　較難處理的是那種微妙回應的過程。舉例而言，受訪者說，「我已經一年以上沒有去看醫生了，我猜我是蠻幸運的。」對於這樣的答案，訪員可能會回答，「那真的是很好。」

　　這樣反應有什麼不好呢？從我們的人本關懷中，我們不都希望全民康泰嗎？沒錯。但是，我們不希望受訪者在後面的問題中，若報告比較不理想的健康狀況時，會覺得好像訪員會看輕自己，也許會不悅或是有點擔心起來。在

此當下的關係中，受訪者會尋找線索以揣度怎麼樣做才對，對受訪者些微的、看似真誠的愉悅表示受訪者非常健康，或是把自己照顧得很好，也會對資料產生效應。

這有多重要呢？很難確切的說。不過，Marquis、Cannell 和 Laurent（1972）發現了明確的證據顯示，對受訪者微妙的增強效果對其報告的看病次數和健康狀況有顯著的影響。而且在我們的研究中，從訪問的錄音帶資料中發現，對受訪者不當的回應評估和訪員所得答案的易偏誤性之間，有顯著的相關。

因此，可證明訪員可以成功地避免給予魯莽、偏誤性評論的行為；而大部分進行得不錯的調查不會有這樣的問題。另一方面，在訪員與受訪者之間存有更多可觀的微妙互動，也會影響到某些答案。

訓練受訪者

從我們的研究中使我們相信，訪員能夠執行標準化訪問的一項重要因素是要訓練受訪者。雖然訪員問題的主要來源是設計不良的調查工具，真正的問題還是在於因訪問進行的方法及參與者的操作規則，使訪員開始感到尷尬的時候。訪員的一種反應是扭曲標準化的規則，以對受訪者更顯得有回應些，也使受訪者覺得比較舒服些。我們認為更好的解決辦法是對受訪者解釋事情是怎麼一回事，為什

麼要用標準化,而不是非標準化的方式來進行訪問。我們相信如果訪員都一致的這樣做,測量的品質會明顯改善。

訓練訪員有兩種基本的方法。一種是在訪問開始時,做一些開場的介紹。第二種是在訪問過程中遇到問題時,再解釋標準化訪問的特色。實際上,最好大概是將兩種結合起來。

我們強烈的主張讓訪員在訪問開始之前念一段如下面的文字:

> 因為大部分的人都沒有接受過像這樣的訪問,讓我唸一段文字告訴您一點有關它進行的方式。我將會唸一連串的題目,完全按照它們被撰寫的字句,以使每一個在這個調查中的受訪者被問到的都是一樣的題目。您將會被問到兩種類型的題目。有一些情形,您需要以您自己的話來回答;另一種情況,我們會提供一些答案選項,您從其中挑選一個最適合的答案。如果在訪問中您有任何疑問,請一定要提出來。

這個簡短的介紹有多重功用,可以讓訪員的工作更容易些。第一,它說明了這是一種特定的互動,有其特別的遊戲規則。不像受訪者曾有過的大部分互動經驗,包括其他的訪問經驗。它亦使人能接受訪員會再詳述或解釋進一步遊戲規則的作法。

第二,它事先告知受訪者訪員將會怎麼做,這樣會使之更容易進行。而且,一旦訪員已告知受訪者題目將完全

依照其字句來唸，訪員不這麼做也不行；為此，也可大大增加其標準化。

訪問一旦開始之後，我們認為，訪員應該在每次問答過程中發現受訪者無法適當地表現其角色時，先停下來解釋規則及其重要之處。以下是其中最常見的狀況：

問題：受訪者已做了部分的回答，或甚至已經回答完全了，但是還有一個題目沒有問。訪員要再問下一個題目時覺得有些尷尬，因為好像意味著受訪者先前的答案沒被聽見。

訪員：「下一個題目是您在某種程度上已經有談到了，不過訪問工作就是這樣子，我需要得到您對每一特定題目的答案，我們才能將您的答案和其他的人做比較。而且有時我們會發現某個特定題目的答案有差異，即使這個題目之前似乎已經回答過了。因此，讓我再把題目照它確切的字句唸一遍。我希望您給我答案以確保我們得到正確的訊息。」

問題：受訪者覺得在題目中有一個名詞很含糊，或是沒有定義清楚，而且從題目的字句中並沒有提供受訪者認為適當的定義。

訪員：「我看得出您對這個題目的問題在那裡。即使這些題目仔細被測試過，有時候，我們還是會有一兩題對某些受訪者不清楚，或是不全然符合每一個人的情況。再一次向您說明的是，調查進行的方式就是這樣子，我們需要人們照題目所寫的，提出最佳答案。如果我們

為每一位受訪者改變題目，我們就無法分析這些答案。讓我再把題目唸一遍，請您照題目所寫的，提出您能給的最好、最正確的答案。」

問題：在封閉式的題目中，受訪者不想選出答案選項中的一項。

訪員：「像這類題目，答案是按照人們所選的選項來分析。我需要您從這些特定的選項中選出一個答案，這樣我們才能夠將您的答案與其他人的答案做比較。我們了解有些時候，選項中沒有一個符合您真正的感覺；但是其他人也會有同樣的問題。重要的事情是要保持每一個人問答過程的一致性，所以我們才可以從人們給的答案中看出相同與相異之處。」

問題：受訪者給的答案不夠明確，因為那可能是一個估計或猜測。

訪員：「我們希望您可以給一個最佳的估計。即便它不是十分正確，沒有人可以比您做更好的估計了。只要盡您所能即可。」

問題：受訪者講得太快了，訪員沒辦法逐字記錄下來。

訪員：「我必須要逐字寫下您說的答案，這樣才能正確無誤。如果我只做總結，恐怕會弄錯您的意思。像這樣的題目，可不可以請您說慢一點？也許我會請您重複某部分的答案，這樣我才可以全部寫下來，不會造成錯誤或遺漏些什麼。」

問題：受訪者的家人想要幫忙對意見性題目做答。

訪員：「如果是事實性的題目，譬如說您曾看病或住院幾次，您可以找任何可以幫忙的人來協助您，因為我們要得到最正確的資訊。但是，當我們問到某人的感覺或者是意見時，實際上除了您本人以外，沒有人可以給我們答案。再次強調，它是為了要保持和其他人的一致性。當我們詢問某個人感覺如何，或是觀感如何時，只能由當事人來告訴我們他所認為最適合的答案。雖然有許多人也對別人相當了解，不過我們並不認為其他任何人可以正確地告訴我們某個人的想法或感覺。因此，為了一致，我們要確定這類的題目是由當事人自己回答。」

　　問題：受訪者在訪問中詢問訪員的意見。

　　訪員：「訪問之後，我可以和您討論任何事情，但不是在訪問結束之前。其理由是，我們發現有些情況，當訪員在訪問進行中提出他們的意見或想法，會影響到所得到的答案。訪問程序之建立是只容您自身的情況及您所說的話來影響答案。」

　　我們可以再擴充更多例子。不過重點不是這些細節，而是它的過程。如果訪員想要執行一個標準化的訪問而受訪者卻不知如何去扮演他的角色，結果將是會很尷尬，訪員常要被迫在標準化與對受訪者保持回應兩種作法之間選擇其一。沒錯，為了要有效地訓練受訪者，訪員必須要被充分告之；他必需要知道規則，及這些規則背後合理的原因。要達到這些知識的程度並不困難。大部分的訪員都是

從訪員訓練的過程中得到這些解釋。訣竅是要在訪問過程中確定訪員正確地使用這些規則。

結論

　　要以標準化的方式來執行訪問是一項艱難的工作。從技巧的角度來看，毫無疑問的，要訪員一致的、非引導的追問工作是最困難的；也是訪員最容易未臻標準化的地方，也是最容易產生訪員效應的地方。對於意見性問題的開放式答案記錄也是不易做好的工作，亦為誤差的來源之一，雖然現在比過去的標準化調查中，已經減少了使用開放式問題，這方面的問題也就比較少了。

　　訪員也會不照題目用字來讀題，他們會喜歡變更題目。作為調查誤差的一項來源，讀題的誤差大概沒有追問的誤差那麼重要。不過從已發表的研究發現看來，由訪員自己改造題目的比例會讓人對標準化的成效並不樂觀。而且，對一些在操作上更不正式的調查，訪員變更題目的比例會比在文獻中報告的更嚴重，產生更嚴重的後果。雖然很難去考證其確實的程度，我們要在此重申，標準化測量的基礎是我們要知道人們被問到什麼樣的題目。

　　保持中立的態度似乎是訪員所理解，也已經在做的。再度強調，本書中的觀點可能如以下事實而有偏見：研究訪員的人通常是與組織妥善的訪問工作群合作，所強調的

標準也非常清楚。訪員所容易陷入的隱含訪員判斷與評估人際舉止，也使人不禁懷疑，這個問題可能比反映在已發表的資料中的情況要更嚴重。

最後，我們對改進訪問之標準化所必須要做的最重要貢獻之一，是要強調訓練受訪者的重要性。根據我們的觀察，標準化失敗的主要原因是受訪者無法配合或是不了解整個過程。試想，如果是要和某個人下西洋棋，而對方認為他是在玩不同的棋會怎樣？對於應該會發生的事情，應該是都有個一般性概念；如果對規則的細節混淆不清，會使之成為令人非常挫折的經驗。對於受訪者也是一樣的情形。他們對於訪問有一個大致的理解，可是他們並不清楚的知道標準化訪問是怎麼一回事。告訴他們遊戲規則是不一樣的，在訪問進行中如果有相關的問題產生，再做詳細解說。這樣做是合宜的，而且會使這場遊戲進行得更好。

4

建立標準化訪問的脈絡

　　要執行標準化訪問的一個先決條件是要建立起一種關係，使受訪者有其意願，訪員有其能力，可以使其各別角色在測量過程中得以發揮。

　　許多對訪問的想法和描述都會強調它問答過程的品質和管理的方法。除此之外，Charles Cannell 及其學術夥伴的最大貢獻是將研究焦點放在問答過程發生的脈絡，並指出訪員在建立訪問為一種測量經驗中所扮演的重要角色。無庸置疑的，問答過程處理的方式對測量的品質扮演了一個很重要的角色，就如我們在第 3 章所談到的。然而，也毫無疑問的，訪員所建立的訪問互動模式，與受訪者發生問答過程的關係，也對資料結果扮演關鍵性的角色。而且，訪員承攬了很重的責任。對訪員來講，那是個很吃重的工作，根據發現，這也是訪員的作法之間最不一致的工作。

　　在本章中，我們要討論有關建立訪員與受訪者互動的

三個重點。

1.　解釋訪問的目的及原因。受訪者必須要有某種理由讓他
　　為這個訪問付出時間，而且也必須有某種道理讓他的付
　　出可促成何種成就。在本章的第一部分，我們要討論受
　　訪者配合訪問的原因，及其動機對資料品質造成的差
　　異。
2.　建立訪員與受訪者之間關係的良好趨勢。在一方面，這
　　種關係必需要夠正面，受訪者才會願意接受訪問並加以
　　配合；另一方面，也必須是要能將回答完整正確答案視
　　為正當且欲想的一種關係。本章的第二部分將會討論到
　　如何去形成這樣的關係，及其影響測量品質的原因。
3.　傳遞訪問的目標和要使用的規則。特別是訪員要負責建
　　立起訪問的標準，使其認識到受訪者應如何盡力配合，
　　以及該工作何等被重視。這方面的互動被證明為影響測
　　量結果的品質最重要的一環。這將是本章最後所要討論
　　重點。

受訪者參與調查的理由

　　大部分的調查訪問都是在一種「即時關係」（instant
relationship）的脈絡中發生的；也就是在一段非常短的時間

內，所得到的歷史背景極有限的情形下，由訪員介紹其任務、解釋其目的，然後和受訪者建立起某種形式的關係，傳達其意圖予受訪者。

對一個訪員來講，在初次接觸之前，無論是個人到受訪者家中訪問，或是打電話，受訪者可能已經收到事前的訪問函，對該研究計畫之目的和資助者做了一番描述。近年來，越來越多的訪問，可以說是絕大多數的訪問，都是採電話訪問，應用數字隨機撥號的技術。像這樣的程序，就無法事前寄送訪函；研究者甚至不知道所撥的會是住家還是公司的電話號碼，直到有人來接聽電話並且回答一些問題。

假設是下面這樣的劇情：

訪員：喂，請問這裡是 617-9561150 嗎？

受訪者：喔，是的。

訪員：請問這是住家還是公司的電話？

受訪者：我想是住家的。你為什麼要知道這個？

訪員：喔，我的名字叫瑪莉史密斯，我是州立大學調查研究中心的工作人員。我們現在正在做一項大家所關心的 AIDS 研究。是由聯邦政府支持的。我們要訪問全國的成年人樣本。為了確定您家中的那一位成員是我要訪問的對象，我需要先知道您家中有幾位年滿 18 歲的成年人？（附註：因為很多調查都要求訪員遵照一些指示來選取家戶中要被訪問的人，第一或第二個問題先問家中住了那些人是很平常的）

受訪者：這裡是我一個人住。

訪員：喔，那麼您就是我要訪問的人。如果這個時間可以的話，是不是我們就開始進行訪問呢？

在像上面類似的互動之後，訪員將繼續對這個計畫及受訪者的任務做更詳細的描述，然後開始詢問受訪者一連串的問題。

在這樣的的互動之後，很少還要再說明受訪者接下來將被要求做些什麼了。調查的資助者是廠商和商品賣主，是政治選舉候選人，是報紙媒體，是州立及聯邦政府，是基金會。調查很少交代這些主題。受訪者可能會被問及的問題，範圍可以從受訪者使用的牙膏品牌，或受訪者的偏愛的選舉候選人，一直到受訪者是否有從事可能會感染AIDS的活動。訪問的時間可能從幾分鐘到超過兩小時。

在另外一些方面則對受訪者的要求差別很大。有一些問題詢問有關印象或感覺，需要一些思考。另外有些調查詢問一年之中全家健康支出的詳細資訊，需要受訪者去查閱記錄或請教其他家人才能提供正確答案。受訪者也可能被要求從一份選項的清單中選出答案，或者，他們被要求用自己的話來作答，需要更多時間來整理思維。對整個世界來講，其努力的貢獻範圍可以從幫助廠商銷售更多牙膏，到幫助某個候選人當選，到提供所需的基本資料來訂定健康保險政策，或是估計健康保險方案的成本。無論受訪者被要求做些什麼或為什麼要做，研究者希望訪問的程序都能產生好的測量結果，而答案也能提供對母體精確有效的

描述。

　　欲檢視對受訪者要求的一種角度是視訪問所需花費的時間或精力。另一個角度是看此要求是否需要受訪者提供任何可能是私密性的資訊，或是提供某種可能帶有風險的資訊，例如報告吸毒或令人尷尬的私人行為。無論受訪者是否把所要求的任務做好，在某些程度上，都要依賴受訪者參與的動機和他們所意識到的訪問狀況。

Kelman 的訪員類型說

　　要思考受訪者對訪員的定位問題的一種方法，就是採用 Kelman（1953）所做的影響關係的研究成果。顯然的，訪員與受訪者的互動是一種產生影響的例證，其中，訪員試著要建立起一種關係使受訪者願意合作，且依訪員特定的方式來完成工作。

　　Kelman 指出有三種產生影響關係之類型，各有其不同的機能。

　　順從性（compliance）：順從性關係的特色是在該關係中，影響的管控是按行為來進行獎懲操控。可能用這樣的例子來說明順從性的受訪者：受訪者不會說「不」，不會找個好理由拒絕訪員，因此，另一種例子也可以說明這類型的受訪者：接受訪問只是為了避免不愉快的互動。受訪者主要的方針是要與訪員有一個正面的互動，希望從互動中得到讚賞或愉悅。要藉順從性來誘導受訪者參與訪問，最關鍵的問題在於其角色表現的品質如何，答題的正確性

如何，這些是不容易偵察到的。受訪者可能將其角色表現得很好，訪問卻做得一點也不理想。因此，獎勵未必都一定會產生研究者所要鼓勵的行為。

角色認同（identification）：角色認同是 Kelman 對第二種影響的命名。這類的影響根源於一個人在該關係中對其角色的接受，因此，所表現出來的就如同該角色所預期的一樣。在這類型中，要促使受訪者接受的角色有好幾種。在社會科學中，最理所當然的角色可能就是要做一個對正當問題探索有幫助的好市民。更狹義的角色，效果可能也一樣好，就是做一個好人，願意配合或幫助他人合法的要求。這種關係類型的效應是對於一個依賴受訪者對其角色認知的訪問，能產生好的答案報告。

內化性（internalization）：內化性是 Kelman 給第三種影響的名詞。影響之所以發生是因為某種行為和一個人的自我價值產生連結。在訪問的例子中，受訪者可能視參與訪問為一種達成個人目標的方式，例如是提供一種社會服務，或是學習更多重要的社會議題。同樣的，就如角色認同，該影響策略是否成功地產生好的答案報告，關鍵在於受訪者將提供完整且正確的答案視為達成其目標的最好方式。

受訪者對於訪問的定位

要評估 Kelman 的三種類型是否對訪問有幫助，我們應該先知道有關受訪者對訪問的定位。我們要引用兩個有關

這個主題的研究：在此案例中，在受訪者參與過一次約三十分鐘的訪問的一天或兩天之後，他們再度被訪問他們對於先前的健康狀況訪問的經驗有何感想。這兩個健康狀況訪問的程序相當類似。兩個研究在事先都寄送訪問函給受訪者，解釋研究的目的，此後不久，就有訪員造訪受訪者的家。這兩個研究的象徵性及一般目的有所差別。其中，密西根大學在 1960 年代做的研究，重點是全國健康訪問調查（Cannell, Flower & Marquis, 1965b）。該調查是由普查局的訪員和公共衛生服務中心簽約，蒐集全國性的資料。另一個在波士頓地區（Fowler & Mangione, 1986）做的研究，訪員是麻州大學調查研究中心所雇請的，由聯邦政府資助研究經費，蒐集的資料是為了地區性的健康計畫的目的。這兩個研究所詢問受訪者的題目也有很多差異，但是綜合起來，這兩個研究倒是提供了相當一致的圖象。

　　法則一：受訪者對於調查資訊了解的多寡有很大差異，有很多人是在對調查資助者及其目的了解有限的情況下參與該調查。最令人訝異的發現是在密西根大學的健康訪問調查中。如上面提到的，受訪者收到了事前的訪問函，訪員做了標準的介紹，而且也留下一封感謝函，上面註明了該調查的資助者。即使如此，當第二天再被訪問到這個調查時，大約有一半的人說他們不知道這個研究的目的，也不知道訪員是為誰工作。的確，即便如普查局，大概是全國最有名的調查機構，也只有十分之一的受訪者能夠正確的指認其名（見表 4.1）。

　　這些答案和受訪者的教育程度有很大的相關。全國的

教育程度在整體上從 1960 年代該研究進行時就已大幅提升了，現在受訪者對相關訊息的掌握，平均上來講應該比那時候高了。受過大學教育的受訪者中，有三分之二的人對研究的目的相當清楚，且有 60%的人能指出訪員是受雇於普查局或是聯邦衛生機關。不過，因為事實上大多數的調查研究較不偏重對研究的介紹，及資助單位的確認，幾乎可以肯定的是，在一般的調查執行時，很多受訪者不會被詳細的告知。

法則二：在受訪者的生活中，訪問工作不是一件很重要的事件。同樣的，對於這個法則的佐證來自於密西根大學健康訪問調查的研究。再度被訪問的受訪者被問及是否在訪問之後，仍有想過這個訪問，以及在訪問之後，他們是否曾與朋友或親戚討論過這個訪問。約有 40%的人說，在訪問結束之後，他們沒有再去想過這個訪問，大概有重疊的 40%的人在訪問之後沒有和任何人討論過這個訪問。

更直接地去測量其重要性時，在波士頓地區的受訪者被問到他們認為所參與的研究有多重要。其中，有 40%的人認為「很重要」；47%的人覺得「還蠻重要的」；而有 9%的人覺得「不重要」。

表 4.1　受訪者對健康訪問調查之資訊的測量
　　　　——依受訪者的教育程度分類

	0-8 年中小學程度	1-3 年中學程度	4 年中學程度	1 年以上大學程度
對研究目的資訊之評等				
很清楚	27%	45%	41%	67%
模糊	14	13	15	7
不知道	59	42	44	26
	100%	100%	100%	100%
訪員為誰所雇用				
人口普查局	2%	9%	14%	18%
聯邦健康機構	13	11	22	42
健康部門	15	15	15	13
政府	8	2	12	0
其他	3	3	4	6
不知道	59	60	33	21
	100%	100%	100%	100%
個案數	（129）	（89）	（123）	（67）

資料來源：摘自 Fowler（1966）。

　　相符於受訪者對調查所得訊息的多寡與範圍，他們參與調查的理由也不相同。同樣的，對該主題最直接的資訊是來自於密西根健康訪問調查研究。受訪者被要求從一張受訪者與站在門口的訪員的照片來報告他們覺得照片中的受訪者那時候的感覺是正面還是負面的（表 4.2）。

　　報告正面反應的兩個最顯著的理由是一種服務的興

趣，以及和訪員互動的機會。在負面方面，對訪問顯露出
負面反應的最常見理由是（如果把表 4.2 中間兩項類別合併
起來）受訪者無法將他們的目標和調查的參與做連結。訪
問時太忙或有其他時間限制是次常見的理由。對於題目本
身，因為是私人性的問題或是很難回答這樣的理由在訪問
經驗中是最少被提及的原因，不過，也許健康以外的主題
就不一樣了。

表 4.2　受訪者對人們在訪談中做正向反應的原因之認知

正向反應的原因：	佔提及正向原因之百分比
基於幫忙或服務	35%
喜歡與受訪者談話	35
對訪問主題感興趣	5
為了某種個人的好處	11
將訪問視為一個休息的機會	14
	100%
個案數	（314）

受訪者對人們在訪談做負向反應的原因之認知

負向反應的原因：	佔提及負向原因之百分比
忙——花費太多時間	37%
不值得調查	14
沒有充分了解調查的目的	29
關於問卷內容的問題	20
	100%
個案數	（796）

資料來源：摘自 Cannell 等人（1965b）。

　　當把這些資料整理起來，最重要的結論是，人們參與

調查的理由和其對調查的定位並不一致。除此之外,雖然我們知道,嘗試改進受訪者對於所要做的相關資訊的品質,在努力上仍屬有限,但是從過去的兩種嘗試中,似乎顯示這樣的努力並不成功。

其中一個例子是由密西根大學所執行的(Cannell, Fowler & Marquis, 1956c)。事前的訪問函等材料是由專業的藝術工作者設計的,應該是對受訪者更有約定性,傳達更多資訊。於是,這些材料寄送給受訪者,隨後他們被訪問有關對這些資訊的反應。大概只有一半的人「很仔細的閱讀」,相較於那些「只瞄了一眼」;將近有三分之一的人根本不記得有收到。這些小冊改進後的版本並沒有在閱讀上有顯著的效果。

另外一個離題較遠,但可能相關的例子,就是在文獻中有關醫學上資訊認可的議題。這也是另外一種情況,人們試著給病患在一段很短的時間內,對一份資訊有相當的了解。在病患經過一個標準的資訊接收經驗之後,再做一次後測,看他們所得的資訊有多完整,結果指出資訊被吸收的程度有很大的差異(Meisel & Roth, 1983)。

雖然可能有其他更有效的方法可以向受訪者傳達資訊,我們的結論是:調查研究者必須要假設參與者所得到的資訊有很大差異。而且,它也確定會影響到受訪者對訪問工作定位上的差異。

回到我們剛開始所討論的影響類型,當然,最重要的問題是,受訪者是否感覺到、想到或知道訪問對資料品質會造成任何差異。雖然在該主題上,資料沒有定義那麼明

確，證據似乎顯示沒有主要差別。

　　密西根研究花了很大的努力將受訪者報告的正面及負面的因素和他們報告答案的品質做關聯（Cannell, Fowler & Marquis, 1968）。有一些證據顯示，在受訪者不便的時候訪問他們，當他們說很忙時，例如是用餐時間，就會產生錯誤的報告。但是沒有證據顯示，對與訪員互動有正面定位報告的受訪者，比無此正面報告的受訪者會傾向於做較好或較壞的報告。亦無證據顯示，那些有興趣去幫助或做社會服務的受訪者，比其他無論及此動機的受訪者要更好。有一些趨勢顯示，那些教育程度較高及完成高中教育的受訪者，當他們對研究目的和資助者等訊息所得較多時，會報告較多的健康資訊。不過，其相關程度只是中等，對於未完成中學教育的人則無此相關性（Fowler, 1966）。

　　雖然沒有直接的證據顯示，我們仍相信順從性是受訪者參與訪問最不好的原因。理由很簡單，訪員很難把獎懲和受訪者的報告品質做連結。對於將訪問定位在達成某種個人直接目標的受訪者，例如付費訪問，或是避免對訪員說「不」，而非為了提供正確完整的答案，這樣的定位很容易產生反效果，也會容易導致扭曲。不過，據我們現在所知道的，並不必去猜測受訪者接受訪問的動機是想要實現個人價值（內化性），或是與訪員形成關係（角色認同），對資料結果的品質並無差別。依我們的觀點，這兩種定位的關鍵在於：受訪者對扮演其角色最好的方式就是做正確的報告有多清楚的認識。至於要怎麼做到這點呢？這是本章我們最後要談的主題。

訪員與受訪者的關係

以上的討論強調了：對某些受訪者而言，訪員與受訪者關係的重要性。在資訊程度不均的情況下，大部分受訪者對調查的背景和目的的了解有差別，而對訪員的反應大概是絕大多數受訪者接受訪問意願最重要的關鍵。除此之外，和訪員的關係也會對他在測量過程的表現上有主要的效應。

我們提到在大部分調查中，訪員—受訪者的關係是建立在幾分鐘的互動之中。而且，在電話中，受訪者甚至沒有視覺上的線索，只有靠聽覺上的線索來形成對受訪者的印象，界定其角色。這種情況下，幾可確定的是，受訪者引用其他他們較熟悉的角色關係來界定情境。所選用的角色模型可能差別相當大。

有一個特別重要的問題是：訪員和受訪者的理想角色關係有很多不同的，或許是對立的面向。另一方面，訪員應該是某個可以信任、可以尊敬的人。受訪者要能信服該訪問是為了某個正當合理的原因，而且訪員對受訪者無風險、無傷害的保證是正當合法的。此外，我們希望訪員建立起一種互動關係，使訪員在扮演具權威且被敬服的角色時，也是令人覺得適當的。這表示訪員應該被視為像老師、醫師、律師或社會工作人員。

另一方面，也常有些情況，訪員要求受訪者提供可能是私人的、會引起尷尬的、或是甚至會牽涉某種風險或威

脅的訊息。這種情況下，什麼樣的角色模型是最好的呢？設想，一個好朋友是那種可以傾訴私人事情的對象，而對陌生人就難以啓齒了。但是從另一方面來講，要在兩分鐘之內把訪員當做是一個可以信任的角色，這種想法似乎是不切實際。也許可以設想是一個鄰居的角色。不過，受訪者也有可能反而比較不會希望把私人的事情掏出來告訴他們非正式認識的人，而寧可告訴一個完全陌生的，也看起來專業的人。

不過，另一個考慮是，訪問應該在一種溝通自由流暢的脈絡中發生。權威性的角色模型，如醫師或老師，可能產生的脈絡，會使受訪者覺得他們必須要答出正確答案，或是較複雜的答案，而不開放地回答問題。

歸納起來，我們希望的是一種和善、專業的關係，訪員在此關係中受到信任與尊敬，卻也是能夠接受而不加判斷的專業性。

這樣的描述會令人想到心理治療師或是諮商人員的影像，也並不意外地，治療師所用的術語，甚至是技術，例如 Carl Rogers，也已經在標準化調查訪問中所用的術語和功能上扮演重要的角色。當然，還是可以問，到底訪員在隨機數字撥號之後，和接聽電話者所建立的一種準治療（pseudo-therapeutic）的關係有多成功。

再度要說明的是，我們只知道兩個研究有關訪員和受訪者關係類型形成的資料，可以來評估其對資料品質的影響方式。而且，這兩個研究都是在人們家中進行調查。我們必需要推測這些研究發現也許可以和電話訪問或其他訪

問情境來做比較。

從密西根健康訪問調查研究中，可以找到一個答案來回答受訪者對訪員所持的印象是什麼樣子。表 4.3 是受訪者認為訪員最會及最不會讓他們聯想到的人。訪員必須再確知他們所創造的形象主要是具專業性。社工人員、護士和老師是這個題目最常被例舉的答案。不過，在答案中有一些差異，有 19% 的人認為訪員更像是個鄰居或是親近的朋友，卻有同樣比例的人認為訪員最不像是鄰居或親近的朋友。和某些預期相反的結果是，對大多數受訪者，不會用挨家挨戶推銷的推銷員來描述訪員。

如果訪員最常讓人想到的是一種專業的形象，那麼對訪員的行為應如何表現，則看法必定各有不同。事實上，在密西根研究中的受訪者可大概同等分為兩群人，其中一群比較喜歡訪員看起來就像在辦正事，另外一群人則比較喜歡訪員多花一點時間「串門子」（表 4.4）。這些答案和教育程度有相關；教育程度較低的受訪者比較喜歡訪員來「拜訪」。

表 4.3　受訪者所報告的最像、次像和最不像的訪員類型分布

訪員種類	最像的	次像的	最不像的
專業人員			
護士	7%	13%	3%
社會工作者	46	16	2
女醫師	2	5	6
老師	3	13	5
女律師	2	2	21
辦事員或推銷員			
秘書或公司的辦事員	14	15	4
商店的女售貨員	1	4	12
到家裡推銷的推銷員	3	6	17
非專業人員			
鄰居	12	9	6
社區義工	1	6	7
密友	7	7	15
不確定	2	4	2
	100%	100%	100%

個案數：412

資料來源：摘自 Cannell 等人（1965b，Table 8.7，p.77）。

表 4.4　第 37 題：「有人說他們比較喜歡像是辦正事的訪員
——堅守其工作職責；但也有人說他們喜歡訪員帶些
拜訪的性質。您喜歡那一種？」

訪員應該如何表現？	
純粹只像是辦正事	36%
比較強調是在辦正事	3
兼重辦正事與拜訪的性質	12
比較偏於拜訪的性質	5
純粹是拜訪的性質	39
其他	0
不知道	5
	100%

個案數；412

資料來源：摘自 Cannell 等人（1965b，Table 8.8，p.79）。

　　雖然在訪員型態的偏好上有顯著的不同，從受訪者報
告中最令人驚訝的結果還是他們對訪員的喜愛。舉例來說，
密西根研究中，88%的受訪者認為他們的訪員再專業不過，
也再友善不過了。在波士頓地區的研究，在一到十分的量
表中，受訪者給訪員在專業、友善和其他項目的表現，打
的分數平均在九分以上；其中更有超過 90%的受訪者認為
訪員的表現是「優異的」（58%）或是「很好的」（33%）。
雖然很顯然的，受訪者不是很願意評定訪員，令人訝異的
是，兩項研究的資料都顯現出受訪者對訪員的反應是相當
讚許的。

　　如果從受訪者的角度看訪員的整體形象是非常讚許
的，問題仍然是在於是否有那些特定的訪員型態多多少少
是有益於好的答案報告。答案是「也許有」。

在密西根研究中發現，訪員態度的差別在於：當受訪者的會談內容開始脫離訪問的主題時，訪員的回應程度不同、幽默的程度不同、和受訪者做私人的關聯程度也不同；例如在訪問後，多待一兩分鐘聊聊。如過這些舉動可以解釋為對訪問增加人際關係以及受訪者定位的表現，那麼，有一點證據顯示，對未完成中學教育的受訪者，這樣的行為和他們較好的報告有相關性。但是，對於完成中學教育以上的受訪者，這樣的相關並不存在（Fowler, 1966）。在波士頓的研究中，被受訪者評定為較和善的訪員，似乎所得到的答案較沒有偏誤。不過，在第 6 章中會有更多討論的 Weiss（1968）研究報導中，當訪員評估與其受訪者有高的「和諧關係」時，結果傾向於產生較偏差的資料。Hensen（1973）故意操控訪員的型態，訪員有時候用比較交際型的態度，另外有些時候又顯現出較專業的型態。結果並無發現兩種方式在報導的正確性上有顯著的差別。但是有證據顯示，專業型的態度在某一小類事件的報導上所得的資料較佳。

因此，對很多受訪者而言，訪員是他們參與訪問的最重要原因，也是他們在訪問中的表現最可能的推動者。但是，訪員與受訪者建立關係的方法有很多種，並無特別強烈的證據顯示出那一種與受訪者互動的形式是最好的。

觀察者傾向於同意訪員和受訪者間的互動基本上應該還是一種專業型態的，主要的焦點放在訪問的工作，而且受訪者對人際吸引的關心應減到最低程度。不過，很明白的，訪問必須是在能自由交流的溝通中來互動。從密西根

和波士頓的研究中，都有一些證據顯示訪員適度的努力來放鬆彼此的關係，使之稍微更人際性一些，對某些受訪者是蠻受用的，也許特別是對那些未完成中學教育的人。受訪者的僻好和訪員的型態是截然不同的，也幾乎可以肯定的，沒有單一一種方法可以建立起訪員與受訪者的關係。重要的是建立在此關係中的角色期望，無論它是那一種特定的樣式，我們將把焦點移到這個主題。

為受訪者設定標準

有很多的證據都顯示訪員對受訪者傳達他們該如何在訪問中表現的標準，對訪問所得的資料有主要的影響。

為了要了解這一部分，先要認知到當進入訪問的情境時，受訪者並不知曉他們被預期的是什麼。他們對某些知識的欠缺只是和調查訪問的特別規則有關。一個標準化的訪問，就如我們所描述的，特殊之處在於訪員照題目字句讀題，在最開始的問題之外，只對所期望的做有限的解釋，逐字記下答案。它是一個測量的過程，其程序非常結構化，受訪者用某種方式必須要知道角色該如何扮演。訪員則必須扮演老師的角色。

此外，受訪者表現的標準也是個問題。這是一個嚴肅的測量過程？還是簡單的填個問卷？是需要精確的答案？還是一般的想法就充分了？它基本上是一段禮貌、友善的

談話？還是一個嚴肅的社會科學研究，要非常精準？

這些議題都會對受訪者答案的品質有很重要的影響。在第 3 章，我們討論了訪員訓練受訪者關於標準化訪問詳細規則的重要性。我們要談的是在訪員所建立的訪問互動中表現的標準。

從 Cannell 早期對訪問互動的觀察中，令人訝異的一點是，在訪問中有許多與問答過程並不直接相關的行為。在訪問開始之後，大約有 50%任何訪員所說的內容是題目和追問以外的（Cannell et al., 1968）。這不止是聊天，有些是真在「串門子」。這些都是辦正事的訪員，主要的互動是和訪問工作相關。而且，從受訪者知覺與訪員行為的研究中，發現了一些和報告品質有趣的相關因素，是之前文獻中未出現的。

受訪者被問及在健康訪問時，他們覺得他們被希望做些什麼？在一個有趣的問題上，答案有明顯的分野：訪員希望他們所給的是「確切的答案」，還是「一般的想法」就很好了？而且，受訪者認為是確切答案或是要求一般想法結果和其報告的品質有顯著的相關。認為訪員要的是確切答案似乎在答案報告上較好（表 4.5）。Fowler（1966） 發現對中學以上教育程度的受訪者尤其是如此。另一個類似的題目問及訪員想要的是報告所有的事情，還是只有重要的事情，這個結果也和前面類似，不過較不突顯。

表 4.5　與表現標準關聯之報告品質相關因素總結

據受訪者報告，訪員想要是：	報告指標[*]				
	低	中	高	總計	個案數
確切的答案	30%	38	32	100%	223
一般的想法	38%	39	23	100%	168
任何事，不管多小的事	32%	40	29	100%	312
只要相當重要的事	39%	36	25	100%	80
訪員對準確性的關心程度：					
高	29%	36	35	100%	140
中	39%	39	22	100%	139
低	33%	34	23	100%	133

資料來源：摘自 Cannell 人（1968）。

註：*此指標是綜合所報告的多種情況，並依照受訪者的年齡做調整。

　　另一個訪員設定標準之重要性的指標是在其訪問時所關心的事情。訪員如最常表現出要得到確切的答案，事實上似乎是會得到更好的報告（表 4.5）。同樣的，這樣的模式在中學以上程度的受訪者最為明顯。

　　Fowler（1966）有一個分析將這所有的發現都湊在一起。他發現至少中學以上程度的受訪者，在一般的訪問中，訪員所顯露出對他們工作表現的關心時，對受訪者的感覺：是否提供確切的答案抑或是一般的想法，也在健康訪問中展露出來。特別是當訪員表露出最在意確切性時，會更促使受訪者報告所需的「確切」答案；若訪員表露出最在意效率問題的話，則較不會去注意到所需的答案是否確切（表 4.6）。

表 4.6 受訪者所認知到訪員對於在訪問標準中效率與準確性之
關心程度——針對高中畢業的受訪者

	受訪者的回答是訪員所期望的			
訪員注重效率	確切回答	一般回答	總計	樣本數
低	77%	23	100%	62
中	62%	38	100%	81
高	66%	34	100%	47
訪員注重確切答案				
低	62%	38	100%	104
高	76%	24	100%	86

資料來源：摘自 Fowler（1966），Tables 7.3 & 7.4，p.158-159。

雖然這些資料本身的定義沒有清楚的界定，但提供了
一個基礎工作，以繼續探索並提出了目前最好最重要的發
現，來改善訪問的品質以及根據訪問所做的推估。

早期發現訪員為受訪者表現所訂的標準是一項重要的
關鍵，是由一項住院研究中，比較用訪員訪問和自我填答
問卷的差別（Cannell & Fowler, 1964）。在研究中，已知家
戶樣本中在觀察的那一整年，至少有一個人住院過。這些
家戶隨機地被安排在不同的試驗組裡。其中一組，由訪員
做了健康調查，但是並沒有問到任何住院的事情；而是當
他們進行到訪問最後，他們給受訪者一份問卷，讓他們在
訪員離開後自行填答。另外一組，訪員問了一樣的健康問
題，但也問了有關住院的問題。

這個研究的特點是，對於「準確性」的定義有確定的
標準，也就是將受訪者報告所知的住院訊息和醫院的訪問
報告記錄做比對。此外，由於樣本被指定給訪員的方式，

可計算每一個訪員所得的報告中所知住院訊息的百分比。每一個訪員都有各試驗小組的樣本，所以每一個訪員的受訪者中，有直接由訪員問問題的，也有對於同樣主題自行填答問卷的。當針對訪員來做分析時，令人驚訝的發現是：訪員的受訪者在當面訪問所得的報告和在自行填答時的報告，有高度的相關。也就是某訪員的受訪者在當面訪問中比較會報告親身住院訊息的，也在自行填答時較會去報告住院訊息。

這個發現的重要性在於它含有訪員取得好報告的方式。在這之前，研究的焦點都是放在處理問答過程的方式。但是很顯然的，訪員對於研究中自行填答的部分的問答過程沒有相關。反而是和某些訪員的促動或是對受訪者所定的標準在他們自行填答問卷時表現出來。這個研究是對於設定標準作為影響調查資料品質機制之重要性的最早、也是最令人信服的證明之一。

Cannell 之後開始對訪員和受訪者之間的互動做更詳細的檢視，以尋找訪員如何影響答案品質的線索。他在訪員之間所偵測到的一項明顯的區別是他們執行訪問的速度。有一些訪員唸得非常快，其他有些訪員唸得慢而且清晰。有一些訪員在受訪者給了答案後，會給受訪者時間再想一下，而其他一些訪員在得到一個答案之後，馬上再問下一題。Fowler（1966）發現訪員執行訪問的速度對受訪者對此工作的認知有很明顯的相關。如果訪員進行得很快，受訪者的結論是：正確、完整的答案不比快捷的答案重要。就我們所知，還沒有文獻指出速度和資料品質有何直接的關

聯。不過，我們認爲有可能讓訪員速度放慢是研究者可以提升訪員間標準化程度的一個重要且實際的作法。此外，Cannell 也測試了四種不同的策略，也被證明是可以讓訪員改進報告品質的有效方法。

增強

　　Cannell 及其同事，主要是 Marquis 等人（1972）發現，訪員在增強（reinforcement）受訪者的行爲上有所差別。在很多情形下，訪員的增強行爲反而有反效果。當有些訪員在訪問情境中覺得不很輕鬆，特別是像遇到不情願做答的受訪者，對訪問有正反兩面的情結時，訪員的策略是去試著使受訪者感覺好一些。不幸的，結果是即使沒有得到任何答案，或是回答並不理想時，訪員仍說一些鼓勵的話（「那很好」，或是「那不錯」）。事實上，即使是受訪者拒絕回答問題，訪員還是會盡量去鼓勵、去迎合。

　　Marquis 設計了一個試驗，讓受訪者被設定要去增強受訪者的建設性行爲。因此，當受訪者給了一個妥善且完整的答案時，訪員在某種程度上會對受訪者的表現說一些正面的話（當然，不是對某些特定的答案）。訪員也被訓練，當受訪者很快做回答，或是似乎沒有細想就說「不」，就不給積極回應。雖然這個效應有一些不一致（而且似乎對教育程度較低的受訪者影響最大），但是有明顯的證據顯示，經過設定的增強程序要比訪員自己的增強行爲所得到有關健康狀況報告的數目要多。這個結果也曾被 Cannell、

Oksenberg 和 Converse（1977b）重覆做過。

　　顯然的，要設定增強程序的困難在於要去先模擬對白，而且使之與適當的行為關聯起來。因為訪員不能真的區分受訪者的答案是否正確且完整，什麼時候該要增強，什麼時後候不要，其中一定有很多猜測的成分。這種訊息不是很直接的，最好必須從受訪者身上來推測。除此之外，可能不幸的，受訪者增強了錯誤的報告。另外三種由 Cannell 及其同事設計的方法，也是用來解決同樣的問題，也產生同樣的效果，而且可能在一般情況下用起來更容易。

模型示範（modeling）

　　Hensen（1973）認為，要向受訪者傳達他們被期望的表現方式，最好的方法就是做一個示範。他做了一卷錄音帶，其中，有一個受訪者一字一句的表達出它對於正確性和完整性的強烈關心。訪員在訪問之前先放這卷錄音帶，來「告訴受訪者，一個訪問是像什麼樣子的」，然後再進行下面的訪問。對這個程序的效果的一個對照測試中，有一些證據顯示這種示範的方式改進了報告的品質。

標準化指導（standardized instructions）

　　讓訪員在訪問之前先對受訪者唸一份指導說明，這大概是最直接的方法來確定訪員對所有受訪者設定了同等的高標準。Cannell 所測試的一份指導說明是這樣的：

你們回答的正確性和完整性非常重要。你們有足夠的時間。如果有任何疑問你們不清楚所要的是什麼,請盡量提出來。

然後訪員再接著做訪問。也同樣的,Cannell 和他的同事(1977b)證明這些指導說明對報告有很好的效果。這種試驗似乎對教育程度較高的人特別有效。

承諾(commitment)

上面所舉的三種試驗,增強、模型示範和指導說明,都是針對解決為受訪者設定標準化的目標的問題,為了要確定訪員在傳達時,或多或少,直接表明正確性與完整性是適當的標準。不過,這些試驗沒有一項是受訪者這邊的主動作為,它只是確定訪員有將訊息傳達到,所傳達的訊息是正確的,而且所有的訪員都傳達了同樣的訊息。Cannell 設計了另外一個策略,使受訪者能更主動的承諾有好的表現。

他所測試的試驗是這樣進行的:在得到受訪者初步同意接受訪問之後,訪員問了幾個問題,「以便受訪者可以了解會涉及的有那些內容」。然後訪員要求要給一個承諾。受訪者被告知,答案的正確與完整對這個研究非常重要。受訪者要同意盡可能的正確答題。在初步的測試中,受訪者被要求要簽署一份文件,承諾會盡可能正確且完整的答題。在後來的測試中,受訪者只被要求做口頭承諾。不論

是那一種測試，如果他們不做承諾的話，訪問就結束了。

　　Cannell 很期望有一些受訪者會堅持不做承諾。他本來認為拒絕率大概會暴漲。但是卻不然。初步同意接受訪問的人，只有 2%到 3%沒有繼續該訪問，也有許多測試證明這樣的承諾改進了受訪者的表現。這似乎是終極試驗了，把期望明白的表露出來，而且讓受訪者主動的買這個帳。

　　表 4.7 是這三種策略——指導說明、增強（回饋）、以及承諾——在電話訪問中所報告的與健康情形有關的事件數的組合效果。我們可以看到這些試驗的程序明顯的使受訪者報告更多的與健康情形有關的事件（Cannell et al., 1987）。因為低報的情形被列為是推估誤差的主要類型，所以有一種情況是越高的估計就是越好的估計。

　　Cannell 等人（1977b）所報導的資料比較沒那麼含糊。例如，在試驗情況，受訪者比較會報告正確的看病資料，而不是大概一個月或一個期間。在試驗的程序中，他們比較會對照記錄來確定其正確無誤。

結論

　　在本章中，我們考慮了有關三種訪員建立的訪問方式的面向：受訪者參與訪問的理由，訪員—受訪者關係建立的方式，以及在訪問工作的表現上所設定的標準。在這三項之中，毫無疑問的，訪員給受訪者表現所設定的標準是

訪員之間差異的最重要來源，和訪員對資料的效應有相關，也是可以提升調查標準化、減低調查推估偏誤的最佳機會。

表 4.7　按實驗訪問試驗中幾項反應類別人數的百分比

反應類別	實驗訪問試驗	
	控制組	實驗組
	過去二星期中，1%以上的反應狀況	
臥病在床	7.3%	10.0%*
曠職	6.3	8.8*
減少工作量	8.3	11.5*
看牙醫	6.8	7.4
看醫師	17.4	17.5
嚴重的狀況	14.9	17.7*
	過去十二個月中，1%以上的反應狀況	
看醫師	72.6	74.5
上醫院	13.4	12.5
	1%以上的反應狀況	
慢性病的狀況	29.2	35.8*
活動力受限	20.4	27.6*
	個案數	
大概的樣本數	4,217	3,993

資料來源：摘自 Cannell 等人（1987）。

註：實驗的試驗上使用了指導、回饋與要求承諾的程序。

*在 $p<0.05$ 時控制組和對照組有顯著的不同。

在受訪者參與的調查中，他們對調查目的之了解有很大的不同。雖然訪員在試著提供受訪者一些背景資料時，

程度上有所差別，但是這些差別對受訪者真正對研究資訊吸收多寡的效應，則未被證實。可以有理由相信大部分的受訪者會擷取他們所想要、所需要的訊息多寡，來找出一個合理化的理由參與訪問。

有一個研究指出，越多的資訊可能會對教育程度良好的受訪者的報告品質越有正面的效果（Cannell et al., 1968）。傳達研究計畫訊息給受訪者的工作做得越好，有可能會改進資料蒐集的品質；這個課題值得再進一步研究。就目前來講，從比較實際的觀點來建議，要確定訪員對於常會被問的問題有充分的準備，而且訪員也要給受訪者機會問他們心裡的疑問，這樣受訪者才不會在資訊不足的情形下參與了訪問。

對於訪員—受訪者關係品質的指導方針也同樣是概略性的。雖然訪員在保持自然風格的程度上不同，不過基本上並無文獻記載那一種訪員的個人型態是比較好的。訪員多注意人際間的關係，使受訪者覺得自在，可能是有助益的，不過 Weiss（1968）和 Hensen（1973）所報導的資料顯示，交際性的類型也可能會有反效果。比較好的型態大概是以專業性為主，像是處理正事的態度。

最後，有強烈的證據顯示，訪員在要求受訪者做好的、正確的報告的程度上有顯著的不同。幾乎可以肯定的是，這是訪員差異中，最會影響到資料並降低資料品質的。Cannell 和其同事已經成功的在報告過程中做一些操控，改變訪員傳達目標與標準的方式。匯集所有的成果就成為一條提升標準化、改進資料品質最重要、最可行的路徑。

有趣的是，雖然這些技術在已經在文獻中記載了十餘年，它們在調查研究的領域中利用到的情形並不廣。要承認的是，要設定增強的模式並不容易。不過，建立標準的指導說明，讓訪員在一開始的時候就設定標準應該是不難。此外，要求受訪者做口頭上的承諾也不難，個人訪問和電話訪問中，也都證明是可行且有效的。

　　標準化的指導說明，要求口頭承諾，以及堅持訪員要放慢速度訪問，是幾種最直接的方法可以幫助訪員設定標準。我們真的覺得如果大部分的調查機構所蒐集的資料都是用標準的作業程序，他們必定能受惠而得到更好的資料品質。

5

標準化訪問中題目設計的角色

　　一個研究者若要確保標準化的訪問，最重要的方法之一就是要給訪員既容易問也容易答的題目。在第 3 章中，我們討論了一些教給訪員如何以標準化的方法來處理問題的技巧。從第 6 章到第 8 章，我們將要討論研究者可用的一些選擇來增加訪員按指示行事的機率。在本章中，我們把焦點放在改進問卷本身，因為訪問的明細做得越好，訪問的工作也就會越好。

　　任何訪問，從題目中都可呈現出訪員影響其所得答案的程度的範圍。圖 5.1 以圖示我們訪員效應研究中 130 個項目的層內相關的分布。有其他人也曾從其他的研究中得到類似的分布情形（Groves & Magilavy, 1980）。這樣的分布會依每個調查的訪問品質和調查工具的內涵與品質而不同，不過基本上，都和我們這個分布的情形類似。我們暫先不討論這些分布不同的原因，而是對於為什麼某些題目

比其他的更易受到訪員影響感到興趣。

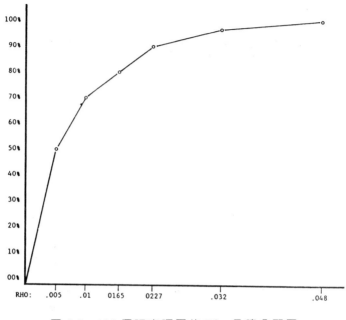

圖 5.1　130 個調查項目的 Rho 累積分配圖

　　本章的焦點是要去描述那些在分布尾端突顯的題目的特徵，也就是就容易受訪員影響的題目。我們檢視了在文獻中被探索過的一些想法。我們的答案並不意外，就如我們曾說過的：最會產生訪員效應的題目就是那些必須由訪員辨識、判斷才會得到適當答案的題目。

題目內容

　　表面上看來，題目內容會影響訪員左右答案的程度，似乎是蠻有道理的。其中，有兩類型的題目內容似乎更是如此：題目的敏感性，以及題目是詢問態度、意見或是事實性的答案。

　　文獻中多有記載，在調查中，涉及敏感性高、令人尷尬的題材較會有低報的可能。例如在 Locander 等人（1976）的研究中發現，破產及酒後駕車的報告率非常低，即使事實上他們的發生率是不容乎視的。Cannell 等人（1965d, 1965a, 1977a）發現，涉及可能較有威脅性、尷尬的診療的相關住院經驗，其報告率也較其他為低。不過，我們要談的議題稍有不同。我們所要談的不是事件的報告數字有多好，而是訪員之間測量的一致性到什麼程度。似乎可以這樣合理的設想，有某些訪員可以比較成功的經營與受訪者的關係，而使得敏感性的題材被報告出來。但是，卻少有實證研究支持這個假設。

　　我們所見過最有力的支持是來自 Sudman、Bradburn、Blair 和 Stocking（1977）的報導。他們發現訪員對於題目是否對受訪者會太麻煩或敏感的預期心理和他們得到適當答案的可能性有相關。認為題目對受訪者會太敏感的訪員較不易去得到答案。對於所得的實質答案，在認為題目具敏感與尷尬性的訪員，Sudman 並未發現有顯著的訪員效應。

　　在我們自己的研究中，我們把一連串的題目依據其可

能涉及的敏感性及尷尬性予以編碼，然後再檢視其層內相關性。我們並未發現題目的敏感性有顯著的相關；事實上，被編為高敏感性的題目之層內相關反而較低。因此，雖從理論上看似令人信服，但並無研究證據支持如下看法：敏感性題才會較難以標準化方式測量。

Kish（1962）探究這樣的假設：態度或意見性的題目比事實性的題材較容易受訪員的影響。其論點是在於事實性的題目（可以被獨立驗證的過去的事件或是現在的狀況）是根源於某種客觀的現實。相對的，有關態度和意見的題目，除了受訪者之外，沒有別人可以驗證或觀察到。有人會認為訪員誤差的來源是訪員影響受訪者去改變答案，或者是受訪者為了符合訪員的期望而更改答案，因此可以合理的假設對於態度和意見的答案比客觀事件的答案更容易被改變。

這樣的假設看似合理，但是同樣的，缺少資料來支持這個假設。從訪員效應的角度來看，Kish 的資料並無顯示態度性和事實性的資料有任何差別。我們自己的研究也沒有發現訪員影響態度性和事實性答案的程度有顯著的不同。整體而言，我們發現事實性的題目比意見性題目會受到訪員的影響稍多。

但是這樣的通論並不是指所有各類的意見性項目。意見性的項目會特別被列為難回答，一般是因為受訪者對該主題較不可能有已發展成熟的意見，結果就會顯著的受到訪員的影響。不過，我們確信其解釋原因不在內容本身，而是和我們以下所要討論的題目其他特徵有關。

整體而言,在研究文獻中沒有證據可以支持下述通則:題目的主題和受訪者能否設計標準化測量程序有一致性的關聯。

題目型式

題目型式最明顯的差別是在受訪者是否給予一組答案從中去挑選(封閉式或固定回應題目)或是要求用自己的話來回答(開放式題目)。後者的型式更有可能會產生訪員效應,因為可能對於什麼樣的答案才夠充分會有模糊之處,也因為訪員的記錄工作會比較困難。

在研究文獻中,關於訪員相關誤差的種類有很多報導,主要是和開放式題目有關的。例如,根據 Hyman 等人(1954)的報導,訪員比較會基於他們對受訪者「真實見解」的感覺,選擇性地追問模糊的答案;他們也發現在記錄答案時,訪員也會遺漏與他們對受訪者主要見解不符的要點。這些誤差都不是和固定回應的題目相關的。

當檢視層內相關時,Groves 和 Magilavy(1980)發現,可編錄的答案之數目,包含可能根本沒有編錄碼的答案,和訪員有關聯。同樣的,只針對開放式的題目。

不過在我們自己的研究中,當比較較大樣本的開放性題目和固定回應的題目時,其層內相關並沒有顯著的差異。雖然有一些證據顯示開放性的題目可能比較有問題,但是

在統計上的趨勢並不穩定。

提問─答題的過程

我們了解到不能對單從觀察其特徵就論斷其標準化測量與題目的品質後，我們決定我們必須要更詳細的研究訪員和受訪者的關係。我們將五十七名訪員的訪問做成的 100 卷錄音帶，製成一套詳盡的編碼方式，把訪員和受訪者之間的問答過程所發生的記錄下來。其中，我們計數了八種與測量過程有關聯的行為發生的頻率：

1. 題目是否逐字被唸出；
2. 訪員是否正確的追問以獲得適當的答案；
3. 訪員是否引導追問的方向；
4. 當需要去追問適當答案時，訪員是否沒有去做追問；
5. （只針對開放式題目）訪員是否逐字記錄答案；
6. 訪員是否對受訪者的答案給予不當的回應；
7. 訪員是否涉及了不妥當的交際行為；
8. 在問答的過程是否有談笑。

以上每一種行為在訪問的每一個互動中出現的次數都仔細的用檢碼記下。我們事先計算了有那些題目容易有訪員效應，依據層內相關係數的測量為準。我們接著分析了

所編錄的訪員行為，看是否有某些特別類型的行為可能會使訪員對題目產生影響，又有哪些不會造成影響。這些結果呈現在表 5.1。

表 5.1 訪員特定行為之發生與 Rho 間之顯著關係

訪員的行為	和 Rho 間的相關
笑	—
錯讀題目	—
正確的追問	.23
引導性的追問	.20
沒有去追問	.49
對回答做不恰當的回饋	—
不當的人際行為	—
沒有完整或正確的逐字記錄開放性問題	.39

註：表格中畫橫線的表示未達顯著水準，（p<.05）；相關性是根據 100 次不同的訪問中詢問 65 個項目的行為編碼所求出來的，自由度為 64。

不當的回應或是交際行為在每一題發生的比例並不高，也就可以解釋為什麼與各題結果沒有相關性。這並不表示交際行為不會對資料品質產生影響，不過在接受過訓練的訪員中，這樣的行為並不能解釋為什麼較容易或不容易受訪員的影響。

我們本來以為常會被訪員重唸或是唸錯的題目可能是最會受訪員影響的。但卻又不是如此。在所有題目中，訪員是否按照題目逐字唸出與訪員效應之大小並無相關。

我們在其他的互動上倒是發現了一些關聯性。訪員效應的主要原因是題目需要被追問的程度。所有以下三種追

問都和層內相關的大小有關聯：正確追問的次數、引導性追問的次數，以及訪員未做追問的次數。基本上。當一個題目照例需要追問的時候，都會讓訪員有犯錯的機會。一個題目每需要追問一次，都給訪員一次使用引導性追問的機會，而不是非引導性追問；也使訪員多一次該追問而未追問的機會。而且，追問與否的決定對資料的影響也與訪員相關。

另一個訪員層內相關的原因是訪員記錄產生誤差的可能性。雖然在所有調查項目中，該誤差比追問性誤差要少見，我們的結果和 Hyman 等人（1954）的結論是相符的，也就是訪員選擇性的記錄是造成非標準化測量的顯著原因。

我們回顧了研究文獻，並在我們的研究中檢視更詳細的訪員與受訪者互動情形，看是否能從中了解那些需要追問的題目特點，以及是否有某些特別的情境特別容易產生訪員效應。這是我們目前所進行的研究的主要課題，不過尚未有確定的答案。不過，我們已經指出一些題目特徵似乎可能易對資料產生訪員效應。

追問的相關因素

雖然我們對題目特徵的研究還未能確認那些較大的題目類型較會受到訪員的影響，但已可概推一些題目型態可

能較需要追問，而結果更會導致訪員效應（見表 5.2）。尤其是開放性的題目比封閉式題目更會需要去追問。也有趨勢顯示，有關意見的題目和需要做評判的題目要比事實性的題目更讓對受訪者難回答（無論是因為涉及回憶上的困難或是需要受訪者較不可能去將一些從未想過的看法整理起來），也更可能需要追問。同時，困難度高的題目和有關意見的題目都容易引起引導性的追問。

表 5.2　訪員特定行為之發生與題目特徵間之顯著關係

訪員的行為	問題的特性			
	困難的	敏感性的	意見性的	開放性的
笑	.34	—	.31	.35
錯讀問題	.52	—	.45	—
正確的追問	.34	—	.24	.63
引導性的追問	.59	—	.57	.48
沒有去追問	.28	-.22	.38	.56
對回答的做不恰當的回饋	.29	—	.27	.42
不適當的人際行為	.28	—	.24	.23
沒有完整或正確的逐字記錄開放性問題	.28	-.26	.38	.59

註：表格中畫橫線的表示未達顯著水準，（p<.05）；相關性是根據 100 次不同的訪問中詢問 65 個項目的行為編碼所求出來的，自由度為 64。

　　因此，我們的概推並不是指這些題目型態的任一種（困難的、開放式的、或是意見性的）本身特別容易受到訪員效應，而是他們特別會需要追問，這種情形之下也就不容易做標準化的測量。

標準化測量的特定威脅

要辨識出那些是一般需要直追問的題目，可以從錄音帶記錄和訪員—受訪者互動的編碼記錄兩者的信度來看。但是，我們也最少辨識出五種類型的題目屬性，其辨識可以從我們或其他調查簡單的預試程序，就可增加明顯的訪員效應的可能性。這五種屬性如下：

1. 所涉及的要點數目；
2. 隱藏性篩選題目；
3. 在題目中不清楚的名詞；
4. 不清楚的回應期望；
5. 田野（field）中過錄的答案。

所涉及的要點數目

這種情形最常發生在開放式題目，受訪者提供不同的答案數目而影響到資料。

例子：從您的觀點來看，住在這附近您最喜歡的一些事情是什麼？

這個題目讓受訪者可以做多重回答。實際上，題目中

有一個複數名詞「一些事情」，對大多數的訪員它所意指的是，他們應該至少要追問一次來獲取二個答案。但是，對於受訪者和訪員並不清楚這個題目要答出幾個要點才夠。如前所述，Groves 和 Magilavy（1980）提出報導，受訪者所提出的不同要點的數目是最容易受訪員影響的答案特徵之一。只要研究者沒有明示什麼是所期望的答案型式，訪員之間就會有不一致的情形。

隱藏性篩選題目

下列是隱藏性篩選題目的幾個例子：

1. 您去年讀過最好的一本書是什麼？
2. 您覺得在下次選舉時您會投給誰——杜魯門還是杜威？
3. 您昨天發生的最好的事，也就是讓您最高興的事是什麼？

以上所有三個題目和其他很多調查研究者所問的題目，都同時至少問了兩個問題。其中之一是個隱藏性的題目，間接詢問關於主要的題目是否適用於受訪者。

分析：第一個題目假設受訪者去年之中，至少讀了一本書（但是事實上要回答的是一個比較性的題目，最好是讀過兩本或者更多本書）。受訪者也許會說這個題目對他根本沒有意義，而且不適用在他身上，因為根本

沒有在去年讀過書。再者，受訪者可能會拒絕回答，因為所讀的書沒有一本喜歡的。雖然在理論上還是可以從一堆不喜歡的書中，選出一本最喜歡的，不過要先考慮一下究竟題目是否適用於這樣的情形。

選舉的題目包含了隱藏性的問題：受訪者是否計畫要去投票；也許更重要的是，受訪者是否已經有了決定或是想法，要支持那一位候選人？這一個題目實際上是一連串問了三個題目，包括：受訪者是否要投票？目前在兩個候選人當中，是否有比較偏愛的候選人？以及偏愛的候選人是那一個？

至於昨天發生的最好的事是什麼，技術上來講，是個正確的題目，無論昨天的事情有多糟，其中一定有一件是最好的。但是，如果受訪者並不認為昨天發生的事情有讓他高興的，那麼他就會回答「沒有」。同樣的，訪員和受訪者可能實際上都把它當做兩個問題：「昨天發生的任何事情中，有沒有什麼讓您覺得很高興的？」然後再問：「那是什麼事情？」

這些課題是「不知道」問題的一些變化型態。對大部分的題目，受訪者都有可能會說他沒有這方面的資訊，或是還沒有對該問題想得夠仔細，無法提出適當的答案。

從標準化的要點，沒錯，問題出在題目之中沒有寫下清楚的規則和程序可以來處理隱藏性的題目。隱藏性的題目並不是很直接明白的詢問。當受訪者主動提出對於隱藏性題目的答案時，也就是回答了並未明白問到，只是隱含

著假定的問題,而這意味著主要的題目並不適用於受訪者的情形,這時候訪員必須要決定如何處理這樣的問題。當處理程序交代不清時,往往就會造成訪員間處理方法不一致的情形。曾有研究指出,訪員接受像「不知道」或是「不適用」的比例差距很大。此外,Schuman 和 Presser(1981)的研究顯示,處理這些「不知道」的答案對於答案的分布上有很大的影響。

定義不清的名詞

在我們的研究中,我們認為在題目中含有定義不清的名詞會特別容易產生訪員效應。我們讓過錄員視題目是否含有「模糊不清」的語詞,將題目予以編碼。雖然我們沒有如我們想要的那麼多的題目樣本,但是我們並沒有發現有證據顯示這樣的題目評等和與訪員有關的層內相關的大小相關。

不過,當我們研究訪員和受訪者之間更詳細的互動情形又有一些很顯著的訪員效應是源自於對於關鍵名詞意義的非標準化的對話。因此我們的結論是,只有某些特定的模糊類型會導致非標準化的問題。

有一個主要的觀察結果是,語意不清的名詞並不一定會導致追問。有一些名詞和題目很模糊,意義不清楚,但是對受訪者並不是個問題。例如,受訪者被問到:在過去七天中,有幾天有吃早餐。我們絕對相信每個受訪者對「早餐」的解釋不同,但是,「早餐」一詞是受訪者認為他們

可以了解的，無論他的定義和其他的受訪者或是研究者是否相同。因此，雖然從測量的要點來看，這不是一個很清楚的名詞，但是這個題目並不會導致訪員和受訪者之間非標準化的互動。

我們認為一個包含模糊語詞的題目，只要將該題目重覆唸出，就大概可以產生標準化的測量程序。當然，最好是所有的受訪者對所有的題目都是一樣的了解，而且受訪者和研究者對於題目的意義在看法上都是一樣的。如果題目不清的話，就會造成回答上的誤差，不過，這個誤差和訪員是無關的，除非這個題目會刺激訪員和受訪者的互動，而使受訪者之間有不一致的機會。如果訪員被問及對題目內容的問題知道要如何去處理的話，也就不會有不一致的情形。

當訪員應有的回應不僅僅是去複述題目，或者當回答語詞意義的問題時不僅是要回答「看您認為是什麼」時，問題就產生了。下面從我們研究中挑出的兩個例子，我們認為就是有這樣的問題而導致訪員效應。模糊的語詞用黑體字表示。

1. 您最後一次為了健康原因去看**醫師**是多久以前，是一到六個月以前，六個月到一年以前或是超過一年以前？
2. 在過去的十二個月之中，您有沒有過**濕疹**或是**乾癬**？

在第一個題目中，模糊之處是在於如何算是看一次醫師；在第二個題目中，濕疹或是乾癬並非所有受訪者都熟

悉。

　　在兩個案例中，題目的措詞本身並不涉及不確定性，然而，也沒有道理不去顧及受訪者對澄清語意的要求。結果便造成訪員和受訪者之間在某些狀況下的非標準化互動，導致高度的訪員效應。

不清楚的回應期望（unclear response expectations）

　　與訪員效應相關的一項重要模糊型態就是從題目的措詞中，無法確定什麼是構成適當回應的內容。在這方面，有一個特別的案例是我們之前所討論過的，在開放式題目中，所要求或期望的答案數目。就如我們所研究的題目互動性，我們發現了其他這一類現象的例證，可能是更普遍的類型。

　　「您從什麼來源得到最主要的健康資訊，以及您應該如何保持健康？」

　　雖然從表面上這似乎是一個合理的題目，它其實給訪員和受訪者帶來兩個難題。首先，有些人會問，怎樣算是一個「來源」。人們取得資訊有很多過程，例如與人交談，或閱讀，或是看電視。這些是否構成所謂的「來源」？還是它們只是其他來源的資訊管道而已？

　　而其相關的一個問題是，需要回答得多仔細呢？例如說，「從閱讀得來」的是不是一個適當的答案呢？如果不是，是否要更詳細的回答是閱讀那一類書籍（雜誌、書籍、報紙）或是要談的是其來源（取自於新英格蘭醫學期刊，

作者為 Ann Landers：我的星象圖）。

在題目的措詞中絕對沒有辦法可以來處理這些疑問。因此也就有機會讓訪員自行判別，而產生很多不一致的情形。首先，訪員必須要先判斷答案是否已經夠詳細、夠明確了。如果他們覺得不夠，接下來他們也沒有真實的工具可以來幫助受訪者，因此，他們必須要自己變更題目來解決問題。

田野中過錄的答案

我們在田野中所過錄的答案裡確實發現有偏差的現象；也就是題目是用開放式的型式來詢問，但是訪員被要求用過錄碼來做記錄。這類題目需要訪員同時扮演過錄員。訪員並非以過錄員的角色來挑選或訓練；在訪問中，除了要顧著過錄之外，他們還有很多其他的事情要做；最糟的是，他們所做的過錄無法被檢查是否有誤，或是去發現做得有多糟。

我們自己的研究只包含了幾題需要做田野中過錄的題目。平均而言，這幾題比其他的題目並沒有顯著更糟的訪員效應。不過，在我們研究中兩題最糟的題目都是田野中過錄的題目。其中之一是完全逐字從全國健康訪問調查中借用的：您上次看醫師是為了什麼原因？訪員應該要從下面選項中記錄一個答案：

1.　診斷或治療

2. 例行檢查
3. 產前或產後檢查
4. 檢查眼睛
5. 打預防針
6. 其他（請說明）

另外一題田野過錄的題目是我們自己設計的：您最希望看到您生活裡的那一些領域有些改變？訪員應該要從下面選項中記錄一個答案：

1. 工作
2. 小孩
3. 經濟狀況，財務
4. 健康
5. 休閒
6. 其他（請說明）

在我們的調查中不只發現這些項目間有很高的層內相關，在回顧訪員與受訪者互動時，它們也呈現一些最糟（也就是最不標準化，最具引導性）的訪問行為。

當然，其中的原因就是我們將訪員放在一個絕對困難的處境。另一方面，這兩個題目正巧就是未清楚交代什麼才構成一個適當答案的題目。「為什麼」的題目總是會有問題。設想，對為什麼看醫師的題目有下列幾種可能的答案：「我先生說我應該要去」，或者是「因為我相信醫師」。

雖然很顯然地，很多受訪者會從脈絡中去想出要回答的是有關於醫藥上的原因或是有一些毛病要看醫師，但從題目的措詞中卻沒有什麼可以幫助他們來做答。

不過，真正的問題還是在於受訪者並不知道訪員判別的標準是什麼，訪員也未被給予標準化的策略來提供受訪者一些答題的線索。訪員可以給一個和選項類別相當接近的答案，但不是全然沒有模糊之處。訪員相當清楚答案的方向在那裡，但是要堅守非引導式的追問以取得資訊，將答案分類，每一個訪員的嚴謹程度又有差別。除此之外，評閱者可以從錄音帶聽出不能得到確定的答案對訪員來說有多麼挫折。到最後，有些人就只是很簡單的說：「所以您說的就是一般例行檢查囉？」

並沒有明確的實證的證據顯示在任何情況下，田野中過錄絕對是一件很糟糕的事。只有在某些情況下是這樣。特別是如果答案的類型可以符合題目的目標，也就是它的特徵和確切性從題目中可以反映得很清楚，那麼田野中過錄是沒有問題的。但是如果受訪者不能從題目判斷什麼範圍才算構成一個可被接受的答案，那麼就是不好的題目設計方式。

在開放式題目中，可能對於符合題目目標的答案並不是很明確，那麼無論是否採用田野過錄，都會產生訪員效應。也許從題目的其他方面，並非田野中過錄本身，會導致訪員效應。過錄類別的品質，有多清楚、多無重疊性、多符合所給的答案的範圍，被表明得多好——可能也會影響訪員的表現。雖然如此，在設計標準化訪問程序時，我

們仍對於使用田野中過錄採保守的態度。

設計調查工具以減低訪員效應

　　要設計可以減低訪員效應的題目，總結來說，就是要將受訪者答題所需要知道的放到題目裡去。也就是要在擬寫題目時，提供訪員完整的腳本，即所有訪員必須要說的，這樣對於所要去澄清的題意或是所需要對答案做的追問才不會有不同的選擇。

　　這也許聽起來並不是很深奧，不是什麼特別的見解。也許讀過 Stanley Payne 的著作（1951）的人已從其早期的陳述中想過這樣的法則。但是有許多調查題目顯然地都不符合此標準，也因此訪員處理的方式並不一致。除此之外，在我們和同儕合作題目設計的經驗中，我們認為普遍上並沒有認知到對於在題目措詞中盡量減低追問的需要及減少為要達到題目目標所需資訊時的揣度的重要性。

　　我們對於題目所衍生問題的討論提示了一些可用以改進題目設計的指導方針。首先，一個好的題目設計對關鍵名詞要確示其定義，特別是需要去計數某些類別的事件時。使訪員和受訪者不用去處理缺乏定義的題目。

　　其次，無庸置疑的，對於隱藏性篩選題目要特別留意，使之更明確，將會有更好、更標準化的測量。雖然 Schuman 和 Presser（1981）並不明確的表示篩選性題目是不是較好，

他們的資料似乎令人側目。與其讓受訪者或是訪員自行用不一致的方式來決定題目是否符合其狀況，較好的測量是設定一套標準化的程序，由受訪者來決定題目是否適用於他們身上。第三，研究者擬寫題目時將對答案的期望更明確表示出來，可以減低訪員相關的誤差。一個最明顯的方法就是使用封閉式而非開放式題目；沒有比如下的說法可以講得更清楚什麼是適當的答案了：「請從這些選項挑出一個答案來。」

使用開放式題目時，研究者可以盡量設想有什麼方法可以縮減訪員和受訪者對於答案可能範圍的個別判斷。如何、何時、何處、為什麼、有多少等這些副詞用語，應該盡量避免；避免使用這些副詞幾乎總是可以使所要的答案型態更明確，訪員也就是常為了要得到正確語詞的答案而不得不去改寫題目（見表 5.3）。

第四，在回答開放性題目時，訪員和受訪者在所涉及的重點數目上的變異性應該要控制，也就是要明示答案需要幾個重點。我們較偏愛的作法是詢問「主要原因」，而不是「所有原因」，因此每個受訪者只給一個答案。如果需要是多重的答案，可以再詢問次要的原因。其目的是要減除訪員和受訪者對於測量工作的不確定性，這樣，對於受訪者要如何回答題目的決定權才是由研究者主控，而不是訪員或受訪者。

在所有特別對題目設計策略的建議中，最重要的一點是在前測（pretest）或預試的研究階段要仔細對題目評估。我們的研究顯示，我們無法事先確認有那些類型的題目容

易有訪員效應。那些需要追問的以達到目標的題目，特別是那些訪員不只是複述一遍即可的題目是最易有訪員效應的。我們發現這樣的題目在封閉式、開放式，態度性或事實性的題目都可看到。但是在前測或預試的時候，可能可以將之確認出來。我們認為在問卷最後定稿之前將這些會需要追問比例很高的題目確認之後，再加以改進，是在調查中減低訪員相關誤差最有成效的方法之一。

表 5.3　副詞的同義句

副詞的陳述		擇一說明
1.	你如何去工作？	a. 通常你使用那種交通工具去工作？
		b. 你走那條路線去工作？
2.	你什麼時候搬到這個地方？	a. 你那一年……？
		b. 你幾年前……？
		c. 你幾歲時……？
3.	為什麼你投票給 X 這位候選人？	a. 候選人 X 有什麼特質吸引你？
		b. 候選人 Y 的什麼特質降低你投票給他的意願？
		c. 你投票給候選人 X 反映出你什麼樣的興趣或關注？
4.	你少年時住在那裏？	a. 你住在那個城市或鄉鎮？
		b. 你和誰住在一起？
		c. 你住那一種建築物？
5.	你賺多少錢？	a. 你可以付得起多少錢？
		b. 你的收入和別人的比起來如何？
		c. 你的收入是否滿足你的需要？

指認題目問題的策略

調查工具典型的前測工作包括了：由有經驗的訪員做十到二十個訪問，然後和研究者有個一兩個小時的會談，討論所遭遇到的問題。雖然這樣的前測工作很有用，我們相信研究者若要評估題目，可以做得不只於此。我們和其他人正在進行如何用更好的方法來設計、評估題目的研究。DeMaio（1983）以及 Converse 和 Presser（1986）對於已有的評估題目策略做了兩個完整的回顧。以下是我們認爲可以改進題目設計的四個步驟：

1. **焦點討論團體**（focused discussion groups）是開始要設計調查工具最古老也是最好的方法之一。一般是集中六到八個人的小組進行訪問。通常兩到四組就足夠了。藉由小組討論的過程，在調查涵蓋的範圍內討論每個人的經驗或意見。成本不高的錄影設備可以使整個研究小組不必在討論現場就可以回顧在小組中的討論情形。從減低訪員效應的要點來看，這種討論的具體成果是可以確認一些在了解上有歧義或需要再定義的語詞或概念，也可以確認一些在題目中對受訪者行爲或對所涵蓋議題認知的錯誤假設。像這樣的焦點團體討論不僅可以改進研究者設計調查工具的能力，使之可用標準化方式執行，也許也可以改進其題目提供答題所需資訊的程度。我們相信幾乎任何調查研究計畫均可以從設計調查工具之前

的幾次焦點團體討論中得到益處。

2. **認知研究技術**（cognitive research techniques）是最近才引入調查研究的領域中（Jabine et al., 1984）。多年以來，認知心理學家一直在研究人們如何處理資訊，如何回溯資訊，如何將思緒組織起來，但是直到最近這些技術才被帶進調查中來設計更好的題目。其主要的程序是涉及對少數的一般受訪者進行相當密集、冗長的會談。這種技術似乎最廣泛地應用在所謂的「think aloud」的訪問情境。在訪問中，受訪者在調查工具的前測版本中，被要求將其思考過程大聲的講出來。研究者從人們對其題目的理解及思考方式中，可以確認一些題意不清或在回答上會遭遇困難之處。這個研究的另一個方式是將訪問過程進行兩次。第一次，受訪者就照一般前測的受訪者一樣回答問題，然後訪員再帶受訪者經歷同樣一次的訪問過程，要求受訪者討論並解釋其答案，以及任何在題目中遇到的難題。這些技術仍在發展和評估的階段。這些是相當費時費力的，但是顯然地，它們在確認會產生誤差的問題類型上，所獲得的代價是值得的。

3. **使用前測訪問**（use of pretest interviews）是我們認為另一個有潛力的領域。雖然有經驗的訪員絕對有能力可以確認一些有問題的題目的特徵，但是根據我們的觀察，每一個訪員對於問題的認知差異很大。事實上，有經驗的訪員比較擅長解決因研究者給予的不良的題目設計而產生的問題，而我們也常發現他們對某些由題目所產生的對訪員自身或受訪者所造成的難題比較不敏感。在前

測中，我們試著給訪員更多訓練的可能性，目標是培養他們對題目的敏感度，包括不容易逐字唸出的題目，以及特別是通常需要追問、澄清題意以取得適當答案的題目。我們也相信讓訪員對每一個題目做一份標準式的書面評價，可以使他們吸收得更有系統、更有用。我們仍在評估其他方法，在題目評估的過程中，請訪員來幫忙，但是我們相信花更多心力在訪員訓練上和過程的報告上，將可以改進訪員確認題目問題的能力。

4. **錄音記錄並過錄**（ tape recording and coding ）前測訪問，在我們想來，可能會是在評估調查題目上最重要的創新。要有效的應用這個策略，最好至少做二十五次前測的訪問，以增加測量的穩定性。訪員在取得受訪者同意之下，將訪問錄音起來；可以是面訪或是電話訪問。在電話中，當請求受訪者同意予以錄音時，要確定受訪者同意與否的回答要錄進去。

　　要過錄錄音帶的資料可能是執行一次訪問所需時間的兩倍。我們所用的過錄策略是由一個過錄員計算每一題中四到五種行為發生的次數：題目是否逐字被唸出，受訪者是否要求澄清題意，在讀題之後受訪者是否就提出適當的答案，或是還需要追問。對於後者，我們用了兩種方法：

1. 過錄員計算訪員重覆或追問題目的次數；或者是
2. 過錄員計算受訪者給予不恰當或不完整答案的次數。

然後我們再計算這些事件發生的比例；也就是題目被誤唸的比例、受訪者要求澄清的比例、題目需要額外追問或是產生不恰當答案的比例。

　　我們仍在試驗那一個方法是過錄這些事件的最好方式、結果的穩定性，以及成本效率最高的方法，作為題目品質的指標。不過，如本章先前所呈現的資料，我們已有證據指出，那些需要再加以追問的題目是特別容易有訪員效應。我們也相信這個技術可靠的確認出難以逐字唸出的題目。我們期望能再有更進一步的研究，證明這些方法的價值所在，迄今，我們已從研究中證實，用特別的角度來過錄訪員和受訪者之間的互動，指出用標準化的方式來處理題目的難點，對於在田野工作正式展開之前所應該要改進的問題，我們也提供一些深具意義及可靠的線索。

結論

　　在下面三章，我們將要談論的是如何使訪員在訪問期間去執行我們希望他們去做的。不過，將可見到的是研究者對訪員的控制實在有限。

　　如我們在本章稍早所提到的，在已發表的有關訪員效應研究資料中，大約有三分之一到四分之一的題目有顯著的訪員相關誤差。此外，幾乎可以肯定的是，在上述文獻中所報導的研究已經是很重視訪員訓練及方法上的細節

了。

　　雖然讓訪員有能力也願意去執行標準化、非引導性的訪問是消減訪員誤差過程的一部分，但是他們所被賦與的工作也是在要達成標準化訪問上扮演重要的角色。在我們的研究中，我們發現有些問題本質上對訪員和受訪者就是一項不可能的任務；訪員無法僅使用所提供的字句來達到題目的目標。在這種情形之下，訪員只好自己寫腳本了。有時候，那所指的是創新追問的方法，以及要多常使用創新的方法。有時候，它所指的是完全改寫題目，對受訪者發揮即興的題意解釋或指導，使得任務可以完成。無論其努力爲何，當訪員開始做這樣的努力，他們各有絕招，結果便產生了訪員相關誤差。就如有人曾下過的結論，最有名的像是 Bradburn 和 Sudman（1979），要減低訪員對資料效應其中最好的方法之一就是擬寫更好的題目；要寫更好題目的關鍵步驟就是要小心仔細，醞釀完全後，在調查之前先預試所有的程序。

6

訪員的選擇與訪員相關誤差

　　在選擇訪員的時候應該要注意那些特性呢？我們在回答這個問題時，感興趣的是訪員特性和其所蒐集料品質的相關性，如果有的話，是到什麼程度呢？

　　我們可以從三方面來思考訪員特性可能對資料的影響。首先，有些訪員會比其他的人更能勝任問答的過程。第二，某些特定的訪員特性可能會改變題目的意義或脈絡。第三，訪員特性可能會影響訪員與受訪者關係的品質。在本章中，我們要討論的是關於這些可能性的證明。

訪員特性及其表現

　　要成為一個好的訪員，有一些特性是必須要有的，即

使不是充分的條件。其中最明顯的是要有良好的讀寫能力。在美國，所雇用的專業訪員之中，很少是沒有高中畢業的。雖然有一些調查機構特別偏好有大學以上的教育，據我們所知，尚無有系統的研究是探討訪員所受的正規教育與其蒐其資料的品質之相關性。

Sudman 和 Bradburn（1974）做了一個密集的事後分析，尋找訪問人員的特性，及其和資料結果品質的相關程度。他們所能確認的唯一模式是選用年輕訪員的研究似乎產生了較多的誤差。Sudman 非常確定這個發現是虛假的，事實上，選用年輕訪員的研究是比較非正式的研究，學生訪員只受了很少的訓練，也沒有先前的訪問經驗。

有各種研究致力找出人事目錄與訪員表現的相關。雖然從個別的研究有看出一些相關性，但就如大部分這一類的研究一樣，我們所閱讀的文獻中，並無發現由任何標準測試所得的訪員特性，和其在一般的普查中執行問答程序的能力上有明確的相關。

常常會被提及的一個問題是，訪員是不是必須在研究的實質領域方面有特別的訓練。這樣的問題常在要訪問某些專業人士的時候被提出來。例如，有人可能會提出由法律系學生對律師做訪問；護士或醫學院學生來訪問醫師，或是更一般的情況，由護士來做健康訪問。

我們在這裡要區分有效的徵得合作的意願和有效的執行訪問之不同。我們知道有一些未經證實或控制的證據顯示，當由同儕或同事來做接觸的話，合作的比例會提升。例如，有一個說法是，如果由曾有法律經驗的訪員來做接

觸的話，警察人員比較願意配合研究給予回應。不過，對於在訪問時所蒐集到的資料品質，就我們所知，在執行標準化訪問中，訪員特殊的背景有其特別的價值，這樣的說法並沒有什麼根據。事實上，一般的發現都是沒有什麼差別，有許多調查經驗豐富的研究者會認為，沒有在任何方面有特殊背景或訓練的專業訪員，更能做好訪問的工作。

這樣的結論很難去證實，因為要特殊背景的訪員的訓練和督導品質都如一般廣大訪員一樣的情形並不多。不過，舉例來講，當由法律系學生去訪問律師時，他們比較不會去追問模糊不清的答案，當受訪者的答案不清楚時，他們比較會去假設他們知道受訪者的意思，錯認他們所熟悉的就是他們所明白的，或者是真不明白時，也不願去做追問。訪員錯誤地假設他們知道受訪者所說的，將會錯誤的未做追問或是做引導性的追問。一個普通的訪員，並不必去維持專業領域知能的假象，可以盡量的去做非引導性的追問，直到答案清楚為止。

有時候，人們希望用兩種方式來蒐集調查資料，除了問答所得的資料外，再輔以需要特別知識的觀察或評估。舉例而言，有一個研究需要老人的支援設備方面的資料，由護士來做臨床上的評估就非常適合了。以我們的經驗，如果想以觀察來得到標準化的測量，研究者最好是能設計出任何合格訪員都做得來的測量程序，由合格的訪員來做。此外，經過證明，一般的專業訪員可以被訓練來量血壓，做一些檢驗工作，和許多訪問之外的工作（McKinlay et al., 1982）。

除了訪問品質之外，也有其他理由會希望挑選有特殊背景的訪員。但是，基於訪問所得資料的品質，沒有什麼理由在研究文獻中要要求訪員有特殊的背景。

訪員特性及訪問脈絡

標準化資料蒐集的目標是要讓訪員提出一致的刺激條件。雖然可以訓練訪員逐字讀題以及非引導性追問，但是顯然的，當他們進入一個訪問情境時，有一些特性是無法隱藏的。在個人基本特性方面，受訪者可以馬上判斷訪員的年齡、性別及種族背景；也可以推論他的教育程度，社會階級以及族群和宗教背景。在電話中，受訪者觀察的機會較少，但是至少性別是可以清楚判斷的，其他很多特性，不管對或錯，也可以從訪員的姓名、口音、抑揚頓挫及口語風格來做推論。

從一個實際的觀點，如果要用的不只是一個訪員，不可能所有的訪員工作群裡面，人口特徵完全沒有變異的。除此之外，不難想到，最關鍵的也就是受訪者特性與訪員特性之間的相同與相異之處。因此，一個 45 歲的老訪員和 20、45 或是 75 歲的受訪者之間的差別是很明顯的。

標準化的測量程序是希望能是這樣的訪員特性是沒有關聯性的，也不會影響到所得的資料。理想的想法是，訪員的年齡、種族或是性別對大部分題目的答案不會有影響，

而真的也是這樣。即使在過去四十年中，有非常多的研究想要找到訪員人口特性和所得答案的相關性，但是只有相當少的案例被發現是有相關的。

　　不過，在開始歸納這些發現之前，必須要先指出的是，要對訪員人口特性做出有結論性的研究是非常困難的。在美國社會科學研究中所用的訪員，絕大多數是白種女性，至少完成四年的中學教育。為了要研究訪員的種族，性別或是教育對答案的影響，通常必須要特別組成一組訪問工作人員。新訓練的工作人員大都不如有經驗的訪員。有經驗的工作人員經過長時間的耗損，會淘汰掉一些對訪問工作較不適任的人。而且在可能的訪員名單中，要找到是男性、少數民族或是沒中學畢業程度的又相當有限，有的話，可能也有一些未知的特殊性。基於種種理由，要分辨訪員人口特性的效果與經驗、訓練或是動機興趣所造成的差異，有其問題存在。

宗教信仰或族群

　　在這方面最早被仔細研究的主題之一是有關猶太裔訪員和反映出對猶太人偏見的受訪者答案之間的相關性。訪員被分為三組：第一組的成員，其姓氏很明顯的是猶太裔的姓氏，而且從外表上就看出是猶太裔；第二組訪員都是猶太姓名，但外表上沒有猶太裔的特徵；第三組的訪員既無猶太姓氏，外表也沒有猶太特徵。這三組訪員被指定去訪問差不多的樣本。雖然有很多項目的分布並未受訪員的

猶太外顯特徵影響，但是對於直接與猶太人感覺有關的題目，則在答案上顯現了預期的效應：訪員越容易被確認是猶太人的，受訪者越不會去表示反猶太的答案（Robinson & Rohde, 1946）。

種族

Hyman 等人(1954)報導了一個在 1942 年所做的研究，是關於訪員種族對黑人受訪者回答的效應。在一連串有關種族情況、種族間關係，以及和戰事有關的題目，田納西州的黑人受訪者，給予白人訪員和黑人訪員的答案有很顯著的差別。Hyman 等人解釋其差異乃是反映了黑人給白人訪員「他們想聽的答案」之答題模式。在同期間有一個在紐約的類似研究，但所產生的差異比較沒有那麼戲劇性。依 Hyman 對其資料的解釋，像這樣的題目在早期的 1950 年代的美國南方，訪員的種族是一項很重要的刺激，但是在北方比較不明顯，因為北方的黑人受訪者比較不會去對訪員的種族有刻板印象，或者是因為北方的受訪者比較願意去對白人訪員表達內心的感覺。

在 1960 年代，Schuman 和 Converse（1971）研究同樣的議題。在「底特律地區研究」（Detroit Area Study）中，一個社會學研究所的調查訓練課程的學生，依其種族分組，均訪問了在底特律相似的白人及黑人樣本。該研究的一項優勢是，大部分的白人和黑人訪員都有相似的背景。但缺點是兩組的人都沒有過密集的訓練及經驗。

在調查中絕大多數的項目，超過 90%，所得的答案均沒有顯著的訪員種族的效應。即使是一般和種族有關的社會性議題，例如學校種族整合的重要性，並未受訪員種族所影響。但是，當問到涉及對某個種族的直接感覺或意見，訪員的種族就很有關係了。受訪者（白人和黑人都一樣）對訪員所代表的該種族比較不會去表示批評或負面的意見。

此外，少數有顯現出差異的答案，並不符合外表所顯現的一般通則，而是根源於認知上的差異。舉例而言，所發現的最大差別之一，是當黑人受訪者被問及最喜愛的娛樂界人士時，若是黑人訪員的話，則他們較常會提到黑人的娛樂界人士（一種脈絡效應）。

Anderson 等人（1988a, 1988b）最近的一項研究中，比較了黑人受訪者的樣本對其白人與黑人訪員所問的有關選舉議題的答案，再將答案的正確性與選舉記錄印證。Anderson 發現訪員的種族確會影響答案：在選舉之前，黑人比較會告訴黑人訪員他們計畫要去投票，而在選舉後的訪問中，他們也比較會報告有去投票。檢查記錄的結果顯示，白人訪員在選舉之後證明其報告比較準確；對黑人訪員的報告會較有浮報投票的現象。在這個訪問中，訪員的種族確實是明顯地改變了刺激情境，而且事實亦顯示在選舉前被黑人訪員訪問的受訪者，比較真的會去投票；訪問改變了受訪者的行為。

在 Schuman 和 Converse 的研究中，並不能確知訪員是否得到真實或最好的答案。當測量主觀性的現象時，並無

法確定其答案是否爲真。比較清楚的是，在標準化測量過程中，所得答案應是與某些訪員特性無關的。訪員種族可以預測答案的事實意味的是該測量在訪員的種族上不是標準化的。當答案顯著的受訪員種族的影響時，假使訪員都是同一種族，便能減低測量誤差。

訪員與受訪者的關係

訪員的人口特徵已經顯示，在受訪者與訪員之間所發展的關係上，會有一些預測性的效應，這種關係是：相互的吸引以及關係之交際性而非任務取向的程度。這些對所得的資料品質的影響較不顯著。

社會地位與教育

這方面的議題有一些見解是由 Fowler（1966）的一項健康訪問而來，他研究受訪者教育程度對訪員與受訪者相互感覺及其互動的影響。在社會心理學的文獻中有太多證據顯示，從受訪者和訪員的相對位階就可以預測其關係。一般而言，人們喜歡，去和同等或更高地位的人互動，而非和地位較低的人產生關係。當地位有差別時，地位低的一方較不會以任務取向試著和地位高的一方搭關係，而地位高的一方則較是以任務取向與地位低者產生關係

（Cohen，1958）。可以預期的是，當受訪者和訪員在地位與其他方面相似時，比較會產生相互的正面關係（Newcomb, 1961; Lundberg et al., 1949）。

Fowler 的研究與文獻所顯示的較為一致。訪員在教育程度所反映出的地位是相當具同質性的，大部分都是中學畢業以上，或受過一些大學教育。表 6.1 歸納了一些相關發現。一般而言，可以發現當訪員在訪問之後被要求對受訪者做評等，他們的評等與受訪者的教育程度有直接相關；受訪者教育程度越高，訪員越喜歡他們。此外，如果受訪者是中學畢業或有過一些大學教育，訪員很顯著的更喜歡在訪問後下與受訪者聊一聊。

在受訪者方面，並未清楚的發現對訪員的喜愛是一成不變的關係。不過，當問及是否偏愛訪員是像辦正事，還是像串門子，教育程度較低的受訪者會回答後者；那些只比訪員教育程度稍低一點的，有過一些中學教育的，也比較會偏愛串門子。

這樣的資料使人會假設最好的報告是當訪員與受訪者的地位相當。這樣的想法促使研究者對低社經地位者從事研究時，會去招募與受訪者背景較相似的訪員。但是，Weiss（1968）的研究對這項策略的價值表示懷疑。

Weiss 研究紐約的一份接受社會救助母親的樣本。訪問包含了各種主題，有一些是可以用記錄來佐證的。她評量了其中四題答案的正確性，其中兩題和選舉名單與選舉有關，另外兩題是關於孩子在學校的表現。她發現訪員和受訪者在年齡、教育程度和社經地位的相似性並未導致較有

效的報告。基本上並無例證顯示相似的訪員—受訪者配對，會產生更正確和較無偏誤的資料。相對的，有許多例證顯示，較好的報告是當訪員比受訪者有較高的教育程度及社經地位時。

表 6.1　訪員和受訪者人際吸引的一些指標——依受訪者的教育程度分類

吸引力的指標：	受訪者的教育程度			
	0-8 年中小學程度	1-3 年中學程度	4 年中學程度	1 年以上大學程度
訪員喜歡受訪者在平均以上程度*	54%	55%	66%	73%
訪員在訪問結束後還留下來聊天數分鐘*	54%	49%	67%	69%
受訪者非常喜歡訪員	35%	46%	44%	42%
受訪者喜歡訪員串門子勝於辦正事的性質*	49%	65%	38%	28%
個案數	（129）	（89）	（123）	（67）

資料來源：改編自 Fowler（1966）。

註：高級中學畢業和四年中學教育以下的有顯著不同，t 檢定 p< .05。

在 Weiss 的研究中，訪員也被要求在與受訪者關係建立之後，對其關係予以評估。難解的是，此關係的評價越高，所導致的資料偏誤越大。Weiss 的研究在兩方面是深具說服力與重要性：第一，人口特徵的相似性對測量的品質並非是一個正數；第二，人際關係與人際吸引也未必是正數，對調查資料反而可能會有負面的影響。

總結而論，在研究文獻中，並沒有根據要選擇某種教

育程度或社會地位的訪員。如果其中有相關的話，也是很複雜的關係，會依受訪者而不同。可以肯定的是，沒有理由要選擇較不合格或較沒有經驗的訪員，以便和受訪問的對象有相似的背景。

訪員的年齡

並沒有太多研究有系統地檢視訪員年齡作爲影響調查回答中的一項因素。Erlich 和 Reisman（1961）曾研究訪員年齡對成人回答的影響。結果與其假設相符：較年長的訪員所得的答案是比較規範性的，比較是父母親想要聽到的那種答案。Erlich 和 Reisman 認爲，回答較年輕的大約是二十幾歲，而不是三、四十歲訪員的答案，可能會比較準確。

有人可能會想，年齡的作用方向大概和社會地位差不多。年齡的相似性應該會增加人際間的親和性，年齡差距大，可能會產生社會距離而使其互動較形式化，可能造成一個要克服的負擔。不過，Weiss（1968）在其研究中，並沒有發現年齡的效應，據我們所知也沒有研究證實訪員的年齡和訪員相關誤差的關聯。

訪員的性別

據 Hyman 等人（1954）報導，女性受訪者在回答「沒有一個高尚的男士會尊敬在婚前有性關係的女人」的問題時，對男性訪員與女性訪員所給的答案有差異；當被男性

訪問時，她們比較容易同意該說法。

我們的研究之也顯示出受訪者在評價男性訪員和女性訪員上的差別。當我們再訪問健康調查中的受訪者時，問及對訪問經驗的反應，受訪者對訪員做了十種不同的評等。在所有十種評等中，男性與女性受訪者都給予女性訪員較高的評價，有很多是達到統計的顯著水準。對其友善程度、專業性及總體表現的評估列於表 6.2。

表 6.2　受訪者對訪員的評等——依訪員的性別分類

受訪者的評等：	訪員性別		
	男性	女性	p 值
認為訪員的整體表現是傑出的	44%	62%	< .01
*認為訪員的友善度為滿分十分	36%	54%	< .01
*認為訪員的專業水準為滿分十分	52%	64%	< .05

註：評等標準 1-10，10 為最高分。

如同其他人一般，我們也懷疑我們是否有相對等的男性與女性訪員的樣本。男性訪員名單中，兼職的和短期工作的較少。此外，訪問工作對女性比較是個正職。我們的結果是只根據九位男性訪員。我們也應該要註明的是，這些資料是在受訪者家中的面訪結果。男－女效應的差別在電話訪問中應會減少很多。

我們深信這方面需要再進一步的研究。我們十分不願對於異質的廣大群體做絕對的概推，訪員的性別肯定是這樣兩個異質的群體。除此之外，並無證據顯示女性訪員蒐集的是較好或是較不一樣的資料。我們極需要有一個可信、

設計完善的研究來檢驗其假設。但是，即使如我們的資料已清楚顯示，我們仍懷疑在大部分調查訪問中所建立起的即時關係中，性別是否是一項重要的議題，我們期待將來有更多這方面的資料。

結論

　　大多數的研究，沒有什麼理由不去選擇現成有意願的訪員來滿足工作的需求。訪員特性和訪員相關誤差之間的關係很少能建立得起來。但是如果調查的主題是直接和訪員的某些特性相關的，而可能導致受訪者會顧慮到某些答案的選項對訪員會是一種直接的侮辱、侵犯或是令之尷尬的，那麼研究者可就要認真的考慮要控制這些特性。不過，即使在今日對這種情形最徹底的檢視中（Schuman 和 Converse 黑人和白人對黑人訪員與白人訪員的答案的研究），也只有不到一成的答案是和訪員種族有顯著相關的。

　　有許許多多不同的訪員特性和行為會影響到訪員與受訪者所建立的關係，除去其中一項特性並無多大效用。從訪員相關誤差的觀點來看，我們一般的建議是盡量找最好、最標準化的訪員。

　　不過，我們對受訪者對男性和女性訪員反應的研究使我們不禁要質疑，研究訪員性別對回答的重要性是否已經夠充分。以我們已有的發現，如沒有發現其他對資料的影

響，倒是令人訝異的。但是目前並沒有這樣的資料存在。因此，關心如何減低訪員相關誤差的人與其把重點放在訪員的選擇上，不如將重點放在訪員訓練和督導方面，也就是我們下面兩章所要關心的主題。

7

訪員的訓練

　　基本上，沒有人在計畫一個重要的調查時，會質疑訪員訓練的價值，至少是有一些訓練。我們在前面幾章所列出的各種標準化的規則、技術，以及程序，並沒有顯現出我們可以絕對相信訪員會一一使用。不過，還是有很多關於訪員訓練的種種問題，像是它的最佳或是最需要有的內容，在訓練中要用的技術，以及訓練應該有多長時間等。

　　對任何一個調查，我們認為基本要有的訓練包括該計畫的特別程序及研究目的。由於資料蒐集的工作的複雜度上有很大差異，實際上不可能有一個適用於任何研究訓練的通則。比較複雜的訪問預定計畫，包含了教導複雜的定義及程序，像是全國健康訪問調查，好幾天的密集面訪訓練是標準式的，也許還不夠讓訪員徹底了解所有程序。相對的，很多全國調查機構的一般標準的作法只有將書面的材料寄給他們已訓練過、有經驗的訪員，僅大概描述了個

別計畫的程序和特別複雜之處。

　　不過，此處重點是有關訪員標準化訪問技巧的初步訓練，我們稱為一般訪員訓練。無論是什麼特別的調查計畫要做訪員訓練，有一些是一般必須要有的訪員技巧和程序的指導訓練。

訓練的選擇

　　訪員的工作一般有四種：

1.　接觸受訪者，並請求合作；
2.　與受訪者建立關係；
3.　處理問答的過程；
4.　記錄答案。

　　在一般的訪員訓練中，這些主題某些程度上都會包含在內。

　　督導員有很多方法可以來教導人們如何當一個訪員。他們可以用：

1.　訪員手冊；
2.　演講；
3.　示範；

4. 模擬練習（supervised practice）；
5. 在訓練之後，監督其訪問表現並給予評量及回饋。

　　所有在做第一次正式訪問之前的指導活動都算是訓練。我們自己把在資料蒐集之後所進行的監督與指導工作稱為督導（supervision）。第 8 章要探討的焦點就是督導的工作。

　　顯然地，訓練時間的長短是和訓練所包含的內容及技巧高度相關的，當然也和訓練的成本有關。在學術單位及政府的調查機構，一般基本的訪員訓練大多是兩天到五天，若是電話訪問訓練的時間會較面訪的訓練時間稍短。不過，有許多調查所用的訪員，其接受一般訪問訓練的時間還不到一天。

　　訪員所受訓練的時間差異，大概至少可以從三方面來看。首先，有一些研究者似乎並不相信訪員訓練對訪員的訪問工作不會造成什麼差別。這樣的想法也許是源自於對訪員效應對資料影響的關係欠缺認識，或者是因為從研究目標判斷，有一些測量誤差存在是可以被忍受的。此其一也。

　　在專業上，對於應有多少訓練才足夠改進資料品質或是才對資料品質有助益，尚未有共識。當然會有一些研究者認為只消幾個小時的訓練就足以讓訪員得到該有的背景知識，且達到一定程度的訪員表現。此其二也。

　　訪員所接受的訓練多寡是和其所工作的環境有明顯的關係的。調查機構訓練電話訪問的訪員所用的時間較短，

至少有一部分的原因是因爲他們覺得他們可以就近監控、指正問題，並在需要之時給予現場再訓練。相對的，面訪的訪員通常比較不易就近監督，因此，督導比較希望在出發開始訪問以前，確定訪員是有充分的準備。此其三也。

在本章所做的許多對照的例子，都是根據我們研究訪員訓練與督導對資料影響的結果（Fowler & Mangione, 1986）。尤其是在本章中，我們檢視了訓練方式對訪問工作的影響，包括：

1. 訪員對其工作的認知；
2. 訪員的技能；
3. 訪員與受訪者的關係，以及受訪者對他們的反應；
4. 所蒐得之資料的品質。

對訓練訪員之價值的研究

此研究共計招募了五十七名訪員，四十八名是女性，先前沒有專業的訪問經驗。他們分別被系統性的安排在四場訓練小組之一，每組提供不同的訓練時間與學習經驗。其中兩場訓練的設計是仿照學術調查機構的訓練課程，一場爲期兩天，另一場爲期五天。另外有一場是我們所能設計的最短的訪員訓練，大約只有半天的時間，但也依然將

訪員送出做訪問。最後有一場訓練為期十天，目的是要看看這樣超過傳統標準的訓練，可以從而獲得多少助益。

在任何一場訓練之前，都會給訪員一份手冊，並要求先自行研讀。手冊中描述了訪員將要被教導的技術與技巧。在所有的訓練場次，所傳達的訊息都盡可能的一致。研究目標是要檢視是否較長、較密集的訓練經驗有其價值，並不是要比較訓練內容的差異。

那場不到一天的訓練課程包含了兩小時有關訪問技巧的演講和一個示範訪問。

兩天的訓練課程也包含同樣內容，但多加了一部有關一般訪問技巧的電影欣賞，以及一段訪問程序討論時間，其間訪員可以提出問題，並有一些指導的模擬訪問練習。

五天的訓練課程和兩天的課程類似，只是每一項內容都再擴大：訪問技巧的演講時間較長，可以有更多提問題和討論的機會；還有更多機會則是更強調模擬訪問的練習，除了練習訪問之外，還特別著重個別訪問技巧的熟悉，諸如開場介紹、提出問題、加以追問及記錄答案等等。

在十天的訓練課程中，包含了所有五天課程中的內容，此外，又加上了三種額外的學習經驗。第一，訪員被訓練來評量訪問技巧，就像在訓練中心的督導一般所做的評量一樣。這是為了要使訪員對好的訪問標準更有自覺、更警惕。第二，讓訪員閱讀有關調查中與訪員相關誤差的文章；每一篇文章的閱讀者在小組中提出報告並加以討論。第三，每一位訪員都實際在某個人的家中做一個短的訪問練習，由督導在旁觀察。

如前所述，每一場所教導的訪問技巧都是一致的，但差別是在每一場對訪問程序的練習及對該程序背景的了解程度，某些場次要比其他的場次更廣泛。

　　表 7.1 總結了這些訓練課程的內容。在最短課程與兩天課程之間的主要差別是演講的時間以及訪問程序和特別研究程序討論的長度，而且實際上在兩天課程的小組中，有一百零五分鐘的指導練習，而課程時間最短的小組只看了示範的訪問，沒有模擬練習。五天的訓練課程和兩天的相比起來，多了額外一小時關於訪問程序的演講討論，以及多七小時的指導練習。

　　在這些訓練經驗結束之後，訪員被指派四十個地址，要去執行一個半小時的健康訪問。關於訪員的表現，有五種不同來源的資料：

1. 在訓練結束之後，每一個訪員都做了一個訪問的練習，並且被錄音下來加以評量。
2. 在健康訪問完成之後，有一個後續的電話訪問（由不同的訪員來做），詢問受訪者對於該訪問經驗及對訪員的反應。
3. 當訪員完成指派的工作後，被要求完成一份自行填答的問卷。問卷中的題目包括訪員在選擇上的排序，訪員對這工作的感想，以及有一些測驗題目設計來測量訪員的一些技巧。
4. 有三分之一的訪員被安排在有督導的訪問模式，督導會將訪員的訪問內容錄音下來，這些內容又加以過錄，以

提供對這部分訪員的表現的額外資訊。

5. 最後，因爲每一個訪員被指派的地址的樣本是從總樣本中隨機安排的，我們可以分析這些健康訪問的答案，並評量訪員影響其所得答案的程度。

表 7.1 訓練經驗的摘要——依訓練時間長短分（分鐘）

訓練的內容：	訓練課程的時間長度			
	一天	二天	五天	十天
一般的管理程序				
對於計酬、資料保密性、及一般工作程序的講解	50	75	135	135
一般訪問程序				
電影欣賞	0	90	90	90
演講／討論	120	180	420	420
示範	55	15	25	25
有督導的練習及作業	0	105	455	575
其他訪員發表／討論／活動*	0	0	0	1140
研究簡報				
對特殊題目目標及研究程序的講解	75	165	180	180
總計（分）	300	630	1305	3565
（小時）	5	10.5	21.75	42.5

註：在訓練之前，訪員必須先閱讀訓練手冊，並對所指定受訪者做填寫計酬表格及程序的練習，估計大約要一個半小時。

* 活動項目包括閱讀調查誤差來源的相關文獻並對小組報告；學習如何用標準的評估表來評估訪員的表現；訓練過錄的原理；練習有計畫、有組織、有效率的實地田野調查。

訓練在訪員對其工作認識上的效果

我們可以先從訪員對訓練經驗的感想開始。不意外地，我們發現訓練時間越長，訪員越會將訓練評定為一個重要的訊息來源（相對於其他來源，如訪員手冊、先前的工作經驗或是他們的督導回饋）。當訪員被要求對訓練做一個評等，從「很好」到「很差」，結果就如所預期的方向，十天的課程很顯著的被評為較為正面，但訪員對於時間最短的兩種課程的評等並無太大的差別。

值得注意的是，參加時間最短的兩種課程的訪員將訪員手冊列為是最重要的資訊來源。不過在本章有關於研究發現的解釋，要記得的是，那些受最短訓練的訪員，仍有一份最好的手冊和良好的督導。雖然他們受的訓練很短，但是比起受同樣時間訓練，卻沒有一本好手冊或是同樣的督導的人，這些訪員仍然有更好的學習機會可以學到如何從事訪問的工作。

另外一個問題是這些訪員自己覺得準備得有多充分。再次提醒的是，這個問題的評等是在訪員完成他們被指派的訪問之後所做的。表 7.2 列出了這項評等的結果，提供了豐富而有趣的資訊。

大致上可以看到，訪員對於自己準備程度的評等是和他們所受訓練長短有關。其中並不是所有的關係都達顯著水準，只有三項是呈理想的線性關係，除了其中兩項，其他的關係是如預期的方向。

表 7.2　訪員認為自己在各訪問技巧上「準備不足」的比例
　　　　——按訓練課程的長短分類

技巧		訓練課程的時間長短				p 值
		一天	二天	五天	十天	
a.	計畫拜訪路線及有效率地利用時間	30%	46%	23%	7%	.02
b.	向受訪者說明研究目的	13	15	21	33	n.s.
c.	取得受訪者的合作	33	77	43	20	.02
d.	提出問題	20	8	0	0	.04
e.	非引導性的追問	54	70	14	7	.02
f.	達到題目的目標	33	62	36	20	.14
g.	記錄答案	27	15	14	7	n.s.
h.	處理訪問的人際關係	33	8	14	0	.10
	個案數	15	13	14	15	

註：機率值是將一天課程與二天課程，以及五天課程與十天課程小組打
散後，用 2×2 的卡方分配求出來的。

　　兩項未如預期方向的關係的原因是和對研究的解釋與取得合作有關。在這些案例中，所受訓練最少的訪員自己感覺準備的程度和其他人是一樣的。而有趣的是，這些訪員在取得合作方面的表現，結果和其他任何一組的訪員是一樣的成功。

　　若只針對問答過程與處理訪問的情形來看，也可以看到五天課程與十天課程在各方面皆有稍許的差別。不過，在非引導性追問與達成題目目標這兩方面的評等，兩天訓練課程的小組對自己準備程度的評量要低於那些受訓時間較長，甚至受訓時間較短的小組。在表 7.2 列出八項評量中

的其中四項，可以看到接受兩天訓練課程的人將自己的準備情形評得比其他任何一組都要低。雖然人數很少，而一項差異可視為統計上的誤差，但是這種一再重覆出現的模式也許有其意義存在，我們稍後會再對此做評述。

最後，表 7.2 所提供的一項訊息是，那些受到最少訓練的訪員，最會感覺到自己沒有充分準備。很明顯地，最困擾的是如何去做追問，這也是我們認為在標準化訪問中，訪員最重要的一項技能。大部分接受少於五天訓練的訪員表示，他們在非引導式追問的訓練並不足夠。在表中的另外三項——計畫路線並有效利用時間、取得受訪者的合作，以及達成題目的目標——也是被許多訪員所提到可以再準備得更多的幾個方面。這些資料提供了一個很好的輪廓，顯露出訪員訓練還需要再加強的地方。

訓練會對訪員產生的第三種影響是訪員對處理事情優先順序的認知，及此工作不同面向的重要性。那些接受最短訓練的訪員和接受較長訓練的最重要的差別是在於花在問答過程的訓練上，尤其是提問題、追問以及記錄。因此，可以理解的是，標準化對他們而言是更優先的原則。分析訪員對其優先順序的評定，結果發現得到正確、完整的答案是所有各組都評為最優先的原則。不過也可以預期到的是，接受較長訓練課程的人比訓練時間不到一天的人，將標準化的優先程度評定得較高。

最後，當訪員被問到作為一個訪員的感覺如何時，結果和訓練時間並沒有直接的關係，不過，同樣的，接受兩天訓練課程的人顯得最不樂意當一個訪員。

訪問技巧

　　訪員訓練最立即的目標當然就是要教訪員如何去介紹該研究、引導受訪者，並且處理問答的過程。在我們的研究中，我們匯集了兩種有關訪員如何做研究簡介的資訊。首先，在研究後的報告中，訪員被要求回答一連串受訪者在門口可能會問的問題，並就答案的內容和正確性予以過錄。一般來講，這些訪員用紙筆做的答案和其被指定的訓練課程時間的長度並無關聯。

　　第二種資訊來源是和受訪者的訪談。受訪者被問及對該研究目的的了解有多少，以及訪員答覆他們問題的情形如何。受訪者對於訪員答覆問題的評等和訪員訓練沒有關聯，但是受訪者對其對研究目的了解的評等是和訓練時間長短成反比。那些被受過一天訓練的訪員訪問到的受訪者對研究的了解的評等要稍高於平均，而那些被受過十天訪訓的訪員所訪問的受訪者，其評等顯著的低於平均。這份測試結果加上訓練過程本身，使我們確定這個發現並不是因為受過十天訓練的訪員缺乏相關資訊，而是因為這些受過不同訓練的訪員對受訪者採用的應對方式不同所導致。

　　另外有一些資訊是在訓練完成之後所做訪問練習的錄音記錄。雖然在個別的關係上均未達顯著水準，因為第一組只有十五位訪員，但是如表 7.3 所列出的，第一組受到最短訓練的訪員，在提問題和追問上被評為較不令人滿意。同時，從資料中也顯示了在經過訓練之後，其他三組在訪

問技能方面並無太多不同。

表 7.3　從訪問練習的錄音帶中過錄得知的各種訪員行為之測
量──按訓練課程的時間長短分

訪員表現被評為優良或令人滿意的百分比	訓練課程的時間長短			
	一天	二天	五天	十天
逐字唸出題目	40%	62%	79%	60%
追問封閉性題目	53%	69%	79%	73%
追問開放性題目	13%	31%	29%	47%
記錄封閉性題目的答案	87%	85%	100%	80%
記錄開放性題目的答案	67%	69%	71%	60%
無偏誤的人際行為	80%	92%	92%	93%
個案數	15	13	14	15

註：上表中並沒有任何一個關係達到一般平均的統計顯著標準。

　　如先前所述，各訓練小組均有三分之一的訪員需要將其在研究進行期間的所有訪問內容都錄音下來，除非受訪者提出異議（那是很罕見的情形）。因此，對於這些訪員，我們可以掌握到他們與大部分受訪者問答過程的詳細資料。表 7.4 總結了這些資料。我們可以看到這些有錄音記錄的訪員顯現出明顯的模式出來。那些只有不到一天訓練的訪員，一般來說，執行訪問的方式都不適當。除了在記錄封閉式題目方面外，他們幾乎在各方面的表現都比那些受過兩天以上訓練的訪員要差。也可以看出在表中所列的大部分的各項訪問技能，對於接受五天和十天訓練的並沒有太多差別。不過在追問方面，在訪員所受訓練時間長短與其在執行訪問工作上的評等，其關係是呈單一方向的。同

樣的,該資料再度顯示出追問工作是在訪員問答過程中最困難的一項工作,而多些訓練對追問能力會有所增益。

表 7.4　從訪問錄音帶中過錄得知的各種訪員行為之測量
　　　　——按訓練過程的時間長短分(只針對督導程級III)

從錄音帶中得知的訪員行為	訓練課程的時間長短				
	一天	二天	五天	十天	p
錯讀題目／訪問的平均次數	21	7	14	6	< .01
引導性／訪問的平均次數	8	5	5	3	< .01
未能追問不恰當答案／訪問的平均次數	8	6	5	5	< .01
封閉性問題的答案／訪問記錄不準確的記錄平均次數	1	1	1	*	< .05
開放性問題的答案／訪問記錄不準確記錄平均次數	4	2	2	2	< .01
給予不適當的回饋／訪問的平均次數	2	*	*	*	< .01
訪員表現評為優良或令人滿意的百分比					
逐字唸出題目	30%	83%	72%	84%	< .01
追問封閉性題目	48%	67%	72%	80%	< .01
追問開放性題目	16%	44%	52%	69%	< .01
記錄封閉性題目的答案	88%	88%	89%	93%	n.s.
記錄開放性題目的答案	55%	80%	67%	83%	< .01
無偏誤的人際行為	66%	95%	85%	90%	< .01

註:* 小於 0.5 次
　　**用 F 檢定;依訪員分數的層內相關修正自由度。所根據的為二十位訪員、三百二十場訪問,平均每位訪員十六場訪問。

受訪者對訪員的感覺

　　為什麼我們會預期訪員訓練會影響到訪員對受訪者的關係性？因為使訪員對他們的工作越嫻熟，也可能在處理訪問時越自信，他們的表現就越會被評為專業、有能力。其次，訪員訓練所特有的一個訊息是強調工作取向。與受訪者產生私人性的關係也就容易導致偏差性或其他不應該的引導，這是不被鼓勵的。這些訊息在訪員有更多指導練習和更多對訪員角色的討論中，應該是會更突顯。

　　在我們評量這些假設時所遇到的一個問題是，受訪者幾乎都對訪員有正面的評價。舉例來說，當訪員在專業性與友善程度在一到十的量表被評分時，平均的分數都超過九分。這個發現既可能是反映出受訪者不願意批評這些訪員，也可能是對訪員真正正面的反應。

　　不管其原因為何，從受訪者的報告中，找不到什麼證據顯示不同訓練程度的訪員在人際關係的行為上有所不同。例如，在友善程度、專業性以及受訪者認為訪員保持中立性，未摻雜自己意見等各方面的評分都沒有差別。受訪者也被問及他們是否將訪員分為像是辦正事，或是像某個人來串門子的類型。結果也無關乎訓練的課程。

　　不過，有一些差異顯現出有較多訓練的訪員會較以工作為導向，而訓練較少的訪員比較會以交際性為導向。在工作導向方面，受訪者被問及其訪員對其所得資料的正確性有多關心，以及訪員是否要求要有「確切的答案」或是

「一般的想法」就可以了。這些題目設計的用意是要測量訪員是否願意去要求受訪者，是否願意去傳達對受訪者表現的期望。結果顯現出受訪者對訪員是否希望得到確切答案的認知和訓練課程有顯著的關係，只接受不到一天訓練的訪員比較不會將該訊息傳達給受訪者（表 7.5）。此外，受訪者的對訪員關心答案正確性的程度的評等也有相同方向的趨勢。

表 7.5　受訪者的評分——按訓練過程時間的長短分

受訪者意見的百分比：	訓練課程時間的長短				
	一天	二天	五天	十天	p*
訪員要求「確切」的答案（非一般性想法）	70%	78%	82%	77%	.01
訪員有「傑出的工作」表現（相較於：很好、好、不好）	64%	57%	57%	55%	.02
個案數	376	310	357	342	

註：卡方檢定，檢定小於一天與其他天數是否有顯著的差異。

　　在人際導向方面，雖然在友善程度的評等和是否像辦正事的類型兩者之間並無可預測的關聯，不過那些受訓最短的訪員必定做對了某些事情，因為當受訪者在評定訪員整體的訪問工作表現時，那些受訓最短的訪員是被受訪者評為工作表現最好的一組。而且他們也是最被受訪者認為是「有趣」的，差不多已達顯著水準。

　　這些差別性並不是很大，就如我們先前所發現的，受訪者對於訪員行為並不是很敏感的報導者。有一些情況，例如對訪員所顯現的中立態度，受訪者的評等和我們在訪

問錄音資料中對適當人際行為的過錄結果並不吻合。但是，我們仍然認為有一些證據可以證明訓練可促進訪員以工作為導向，而且可能可以減低訪員的人際導向。

訓練對資料品質的影響

在本研究中，對資料的品質有兩方面的測量。第一是層內相關係數，rho，所測量的是訪員與其所得資料的相關程度。從效應上，它是測量同一小組訪員標準化的程度。理想上，層內相關係數的數值應該要接近零。

第二，調查中有五十四個題目我們認為可以預測較好，且較準確的答案的方向。我們的預測根據之一是社會贊許度（social desirability）的假設，也就是社會贊許度越低的答案，會顯現越少的偏差；根據之二是低報的假設，一般而言，較細瑣或難去回想的事件較會有低報的情形。因此，我們計算了每個訪員取得答案的方式，並和所有樣本做比較。然後我們再計算出訪員受訓的程度和其所得答案偏誤多寡的相關性。

結果顯現這些現象和訓練時間的相關性都未達統計顯著水準。以我們測量偏誤的例子，有一些趨勢顯示，偏誤的改進確和訓練的經驗有關。那些訓練最久的訪員所蒐集的資料，顯現的偏誤是最少的，但是那些由受訓不到一天和受訓五天的訪員所得資料的偏誤情形是一樣的。因此，

其關聯性還很難有一個定論。

在標準化方面，資料的情況更為複雜。最標準化的資料是那些受兩天訓練訪員所蒐集的。雖然因樣本的數目未能達到統計上的顯著，不過資料似乎顯現出那些受訓不到一天的和受訓十天的兩組在標準化方面做得比中間兩組要差。無可否認的，十天的訓練並無法改進訪員標準化的程度。

結論

從這個研究中有一個很清楚的結論是，訪員需要對一般訪問技巧有模擬練習，才能成為可勝任的訪員。只用一些閱讀、演講和訪問示範並不夠。只受過最少訓練的訪員就可以和其他人一樣處理人際方面的互動，如請求合作的意願，以及和受訪者牽出關係等，這部分是因為我們不知如何來訓練訪員相關的技巧。不過，這些訪員在問答過程的處理並不覺得準備得很好，而且在評等這些訪員的訪問錄音時，大部分結果都不是很令人滿意。除此之外，當我們檢視這些訪員所蒐集的資料品質時，雖然結果並非全然清楚，但從標準化和資料偏差的觀點來看，有證據顯示，他們所蒐集到的資料不如那些受到更多訓練訪員所得的資料。在比利時的一項研究中，Billiet 和 Loosveldt（1988）比較完全沒有受過訓練的訪員和經過三天訓練的訪員。他

們也發現了兩組訪員在處理需要追問的題目上，有清楚的差別。顯然地，追問的技巧對標準化訪問有關鍵性的影響，也是訪員最難學習的一項技巧，而這些技巧的最佳學習管道就是透過訪員訓練。

　　接受兩天訓練的訪員很明顯的學到了基本的訪問技巧。在兩天的課程中，他們有較多的示範及討論，也有一些時間做模擬訪問練習。而根據我們對錄音記錄的過錄，那些有更多訓練的訪員，特別是多了一整天的模擬訪問練習的時間者，在追問開放式題目上做得稍好一些。但是從資料品質的角度來看，那些受兩天訓練所蒐集的資料是和我們所研究的其他組別的資料同等標準化、無偏誤。唯一比較晦暗的一點是，受兩天訓練的訪員覺得自己準備得比較不夠。他們對訪問工作的喜愛程度也不如其他各組。但是如果訪員不是個別到各家戶中進行訪問，而是做電話訪問的話，情形就不一樣了。不過，我們的資料顯示，如果除了這兩天我們所提供的訓練之外，訪員可以再多接受一些訓練，則更可以提升訪員的自信心和士氣。

　　在訓練五天的小組以及特別是訓練十天的小組方面，資料則顯示太多得訓練可能會有反效果。當我們設計十天的訓練課程時，我們假設訪員對他們所要做的決定其背後的原因知道得越多，他們在訪問時越可以做出正確的決定。我們忽略了訪員對過度的訓練會產生疲乏。當受訓者結束了十天的訓練時，他們在做訪問練習時所得的評分要比受訓兩天和五天的要低。最重要的是，他們所蒐集的資料比接受兩天及五天訓練的訪員更不標準化，此差異幾達顯著

水準。Cannell 等人（1977a）也報導了多項這樣的經驗，也就是訪員的訪問品質會隨研究過程的時間而遞減，蒐集的資料會越來越差。他們非但不會因累積更多的經驗而改進訪問品質，反而是疲累過度而變得越來越沒有興趣，越來越草率，不仔細。雖然我們的結果尚不是定論，但也支持同樣的現象會發生在過度訓練的假設。

　　根據我們的資料，毫無疑問的，在訪問訓練中一定要包括有督導的訪問練習，這種在訓練上的投資肯定會從訪員的技巧和資料的品質上得到更好的回饋。攜帶方便、價格又低的錄影設備對這樣的訓練特別有助益。可以在訪員進行訪問練習時將之錄影下來。其結果可以在小組討論時再重播放一遍，是分享各人洞察力的最好方式。

　　訪問訓練確切的最佳長度要視小組大小、訪員將要參與的研究計畫類型之複雜程度，以及訓練之後所要接受的督導類型來決定。不過平均而言，合理的標準是兩天到四天的基本訪問技巧訓練，在大部分的訪問情況下，最好是有充分的機會可以讓訪員在有督導的情況下進行各種技巧的練習。但是，訓練的價值也和訪員在訓練之後所受的督導有關，這也是我們在第 8 章要討論的主題。

8

對訪員的督導

　　督導是指如下的過程：彙集關於訪員在蒐集資料中的
表現的訊息，評量其表現並對訪員提供關於上述評量的回
饋。我們將訓練和督導做一個區分，前者是發生於訪員真
正開始蒐集資料之前，而後者是在開始訪問之後。

　　以下有五個不同面向，是調查機構可以對訪員工作進
行督導事項：

1. 他們的工作量有多少；
2. 他們工作幾個小時；
3. 他們得到的回答率也就是被指派訪問的受訪者中，真正
   成功完成訪問的百分比；
4. 他們所完成訪問的品質；
5. 他們處理訪問過程的方式和他們與受訪者的互動情形。

督導的資訊

調查機構在督導訪員的方式上有很顯著的不同。原則上，每一個調查機構都會掌握每個訪員的工作時數和訪問的數目。不過，對於每一個訪問所花費的時間和金錢的數目的解釋，並不能直接了當的作為每一個訪員工作效率和成本效益的測量。要做這樣的詮釋必須要看所指派的訪問工作是否可予以比較。若是有些訪員被指派到的受訪者是特別難找，或是必須將訪問改在電話中進行，但又比較不可能產生好的訪問結果，這些無關訪員表現好壞的因素也是每個訪問成本的變異來源。除此之外，在研究的過程中，可能不容易在訪問進行中得到一個有意義的效率報告。雖然如此，幾乎所有的機構都會蒐集有關訪員所做的每一個訪問的成本的資訊，然後將此資訊作為他們評量訪員表現的一部分。當然，就像成本對任何機構的重要性一樣，這些資訊和所得資料的品質是無關的。

同樣的，大家也都注意到訪員請求受訪者合作的成功比例。如果訪員被指派去接觸的訪問對象都全由他負責並且反應都非常好，那麼要計算幾個訪員所得到的回答率就很容易了。而同樣的，若要評量回答率，則應考慮樣本的特徵；如果有一個訪員的樣本是要比其他人的更容易接觸或合作，那麼就較難去對訪員的相對表現做出定論。

在研究過程中，也很難去監督正在進行中的回答率。究竟訪員在請求合作時有多成功，必須要等到該指派的訪

問工作幾近完成時才見分曉。有一些策略是讓訪員在訪問進行中，全部訪問完成以前，先報告受訪者在一開始有無拒訪或不願意合作的情形，這樣可以提供給督導一些有用的資訊，了解訪員是否有這方面的困難，不過這樣的技術仍需依賴訪員的報告，通常並不是很理想。

當指派的訪問工作是由一組訪員共同分擔時，要在研究過程中監督反應率，或是評量訪員的效率是更加困難。在一般最常採用分擔方式的電話訪問研究中，要評量訪員效率又是特別的困難。督導可以掌握住可歸因於訪員方面的拒訪次數和成功次數，但是很難知道究竟某個特定的訪員接觸是否具代表性。此外，某次的接觸是否被過錄為「拒訪」或是其他的類項，有部分是要看訪員如何選擇來呈現當時的情況。在同樣的情境下，有些訪員可能會報告是拒訪的情形，但另一個訪員可能會說他發現受訪者在接觸時正在忙。

此外，大多數的機構會評量訪員在蒐集資訊時是否有應有的適當表現，以及他們遵守訪問協定的程度如何，機構在做這些評量時依據的是對完成的訪問的複查。大多數，但非所有的機構都有一套程序來對已完成的訪問做有系統的複查，以確定訪員是適當地依循指導原則來蒐集資料，包括了遵照所指示的相關模型、適當的記錄答案，以及取得符合題目目的的答案。各機構檢視訪員的作業情形和處理其所發現問題的方式差異很大。

也許最常見的典型的模型是對訪員所完成的第一份或前兩份訪問做複查，如果有發現一些嚴重的問題時再和訪

員會談。另一種更仔細的方式是在整個研究中，持續複查每一個訪員所做的部分樣本，在研究過程中，定期（從改進該研究計畫的表現來看，這樣是更好的作法）提供訪員書面或口頭的回饋，或是在研究結束後再提供，至少可以讓訪員在未來的研究中改正某種類型的問題。而更徹底的策略是有專人負責複查每一個訪問，以確定所有必要的資訊都已蒐集到。有一些機構會要求訪員再度訪問某個家戶，如果他們沒有得到所有應有的資料。在政策上，很少會在冗長的複檢問卷上，把每一個項目都加上去，比較常見的作法是複查一些對調查目標具關鍵性的測量題目。

若就我們在本書中所關心的目標而言，也就是要確保調查中測量的品質，而以上所列的督導程序，基本上和此目標是不相關的。這些程序和訪問的品質、訪員實際執行問答過程的方式的關聯性是微乎其微。而事實上，若不特別花工夫去蒐集有關訪問過程的資訊，一個督導是沒有辦法對這方面的訪問工作做複查的。如果只看一個已完成的訪問的工作時間表，只能從中推衍出一點點有關資料蒐集的方式。如果其中有開放式的題目，理應要逐字記錄其答案，那麼就可以詳讀其答案，清楚地指出那些訪員是將答案做綜合性的記錄，或是改寫了答案。有許多研究機構都要求訪員將他們所用的特別追問的方式記錄下來。顯然的，對於一個好的標準化訪員所需具備的技巧中，這樣的複查只包含了其中相當有限的一部分。

除非可以直接監督整個訪問過程，否則不太可能判斷出訪員是否確實照著字句來讀題；我們無法監督其探測的

品質，特別是究竟用的是引導式或非引導式的探測；實際上，一個督導無法辨別到底訪員在記錄答案時是否採用了自己的判斷，也無法辨別訪員與受訪者所建立的關係的品質究竟如何。

如果不去監督訪員是如何進行訪問的，那麼有兩種可能的結果。第一種，當然囉，訪員的問題就無法被追問出來，而且那些不能或不會將訪問工作適當地執行的訪員就無法被挑出來再加以訓練或是淘汰。第二種結果，它將無法將標準化訪問其程序是他們執行問答過程所應有的方式的重要性傳達給訪員，假使在花了數天的時間來訓練訪員如何來執行標準化的訪問之後，研究機構卻並不如何在意要去監督標準化訪問的表現成效，那麼也就很難教訪員在訪問中將標準化訪問維持在其第一優先考慮的目標了。除此之外，就如我們先前所討論的，在訪問的過程中，會有許多可能的形勢，例如訪員會意識到有許多受訪者比較喜歡一種更輕鬆一點、非正式的互動方式，或是會有一些壓力要使得訪問進行得有效率，讓訪問盡快結束，如此一來促使訪員在執行訪問時未能標準化。因此，從管理的角度來看，在一個例行程序的基礎上來監督問答的過程似乎是非常重要的。

在有集中式的電話設備下所進行的訪問所需用來監督訪問品質的步驟顯然是和在其他情境下例如在人們的家中所進行的訪問是不同的。

電話監督

大部分集中管理的電話訪問設備都有裝設監督的電話，督導可以在不被察覺且不造成干擾的情形下，在訪問進行中隨時切入或切出。任何電話設備未具備這種功能的，都應該要去設置。

督導對每一個訪員偶爾的監聽，可以將那些對如何做一個訪員毫無概念的訪員確認出來。不過，我們是認為若要達到有效的監督，則需要更有系統的方法。以下我們特別列出我們所認為一個有效的電話訪問監督所應有的四項特徵：

1. 基本上必須固定且經常性的監督每一個訪員完整的一次訪問。這裡我們所謂的經常性是指至少每十次訪問必須要監督一次。

2. 監督的工作應該由某個經過特別訓練、知道如何評量訪員表現的人來做。很重要的是，當不止一個人做監督的工作時，必須有相關的訓練以確定大家有共同的標準與期望。

3. 在監督的同時，也必須要對監督訪員每一次訪問的表現填寫一份有系統的評量表。根據我們的經驗，如果督導僅是監聽，不試著把錯誤指出來，他們的標準很容易會沒有規律且不一致，而且他們也無法對訪員的表現有全面的注意。除此之外，他們也容易只注意到問題所在，而無法一致地指認出訪員有好的表現的方面。表 8.1 是

一份監督表格的範例。Cannell 和 Oksenberg（1988）也陳述了一套類似的程序。

4. 督導在監督之後，應立即與訪員會談，將評量表中的記錄檢核一遍，以確定可以提供及時的回饋，這樣對訪問是最有幫助的，可以將訪員正面及負面的表現指出來。

面訪監督

當訪問的進行並不是在集中式的設備中進行時，對於要蒐集的問答過程訊息的機制顯得更為困難。有許多年，對這個問題的標準策略是在訪訓完成之後，讓督導陪著訪員做一次或兩次的訪問，也許之後偶爾再陪幾次。這樣的程序可以成功地發現出究竟訪員能否勝任訪問的工作，但是顯然地這樣對於訪員在例行的基礎上是否能執行訪問卻只提供些微的訊息而已，而且因為其中牽涉到時間和經費的因素，這樣的觀察訪問進行在最初的訓練完畢之後就很少會有了。而那些資深的訪員則很少被這樣觀察。

隨著低成本、可攜式錄音機的時代來臨，使得在更例行的基礎上來督導面訪的問答過程更為可行。這樣就可以要求訪員將所有或一部分樣本的訪問實況錄音下來，然後再由督導加以評量。當然，也必須要徵得受訪者的同意，訪員才能錄音。不過實際上這很少是個問題，只要正確無誤的向受訪者解釋，錄音只是品質控制程序的一部分，對受訪者而言是可以理解的，通常也不會遭到反對。

表 8.1　監督表格

訪員姓名：＿＿＿＿＿＿＿＿＿＿＿＿＿＿＿＿＿＿＿＿

監督員：＿＿＿＿題號從＿＿到＿＿＿回饋日期：＿＿＿＿評分：＿＿

　　A）介紹：　　　　求證電話號碼【　】是否爲住宅電話【　】

　　B）陳述：　　　姓名【　】　資助者【　】　　目的【　】

　　C）解釋：　　保密性【　】　自願的【　】　可跳題【　】

1.	確實地按照問卷所寫的問題 不正確的問法：＿＿＿＿＿＿ ＿＿＿＿＿＿＿＿＿＿＿＿＿	20【　】完全正確 15【　】1-2 題不正確 10【　】3-5 題不正確 0【　】5 題以上不正確
2.	適當且非引導性追問 引導性或不適當（列舉題目及追 問方式）：＿＿＿＿＿＿＿＿	20【　】完全正確 15【　】1-2 題不正確 10【　】3-5 題不正確 0【　】4 題以上不正確
3.	在需要時未能去做追問 題號：＿＿＿＿＿＿＿＿＿＿	20【　】完全沒有 10【　】1 或 2 次失敗 0【　】3 次以上失敗
4.	不正確跳題＿＿＿＿＿＿＿＿ 題目：＿＿＿＿＿＿＿＿＿＿ ＿＿＿＿＿＿＿＿＿＿＿＿＿	20【　】完全沒有 10【　】1 或 2 個錯誤 0【　】3 個以上錯誤
5.	回饋：對答案做不恰當的個人或評 斷性回饋 題目／評論＿＿＿＿＿＿＿＿	20【　】完全沒有 10【　】1 或 2 次 0【　】3 次以上
6.	訓練：當有需要時，解釋受訪者的 角色、任務以及理由＿＿＿＿＿ 評論：＿＿＿＿＿＿＿＿＿＿ ＿＿＿＿＿＿＿＿＿＿＿＿＿	20【　】是－有需要／好 10【　】是－但可以做得更 　好 20【　】否－沒有訓練的必 　要 0【　】否－訓練失敗或 　做得很差
7.	速度：	20【　】慢 10【　】普通 0【　】快

我們對於如何由錄音的記錄來管理督導的工作有一些實際的建議：

1. 必須要求訪員將某段時間內的所有訪問都錄音下來，而不是只選其中的一兩個受訪者的訪問錄音而已。受訪者本身的條件和訪問的困難度大有關係。有一個「好」的受訪者的配合，比較容易成為一個「好」的訪員。從督導來講，當然比較希望能看到訪員遇到各種不同類型受訪者的表現。

2. 假設所有的訪問都被錄音下來了，督導可以決定他們實際上要聽多少訪問的錄音記錄。也許實際上所能做到的，只能將某個訪員訪問工作的一部分樣本錄音起來。不過以我們的經驗，訪問錄音的記錄是越多越好。

3. 當督導聽錄音記錄時，必須要用如我們為電訪監督所概要擬出的相同的系統評量表以及評量的程序，督導必須先被訓練如何來使用這些評量的尺度和所要採用的評量標準。他們必須要對訪員行為的各個面向做評分，以確定對訪員表現正面與負面的表現都注意到了。

4. 最大挑戰之一就是要評量田野訪問錄音記錄的同時也要提供即時的回饋。否則訪員就無法再追憶起當時的訪問情境，從督導的回饋所得到的助益也就不大了。不過，即使不可能做出立即的評量，僅是訪問受到監督的事實，就已對訪員傳達出他們訪問的品質是很重要的了。

監督訪員的效果之研究

在上列對於系統性的監督訪員之價值的論點，多年以來我們一直是很重視的。因此，這樣的督導工作在我們自己的研究中已被列為一部分的標準作業。不過，這樣類型的督導工作有其經費上的考量，而且在許多其他的調查機構並不一定被列為是標準作業程序。我們曾經想要探知這樣的督導作業會造成多大的不同，影響資料品質有多少。我們所知對這個主題唯一有發表過的研究（Billiet & Loosveldt, 1988）中，是有一些正面的結果的證明。在第七章所描述有關訓練對訪員效應的研究中，也包括了一部分檢視不同督導程序如何影響訪員行為與資料品質的內容。

回想一下，有五十七名訪員分別被指派參加四種訓練課程之一，訓練時間從半天到十天不等。當訓練結束之後，訪員則有系統地被指定到三種督導程序之一。

在該研究中，所有的訪員每星期都固定要和一位督導用電話聯絡一次。在電話中，訪員會得到他們前一周所做的工作品質的回饋。而這些督導程序的不同之處便在於訪員所得回饋的類型。

第一級督導，訪員所收到的回饋只限於對訪員的生產力、開銷、投入的時數，及其所獲得的回答率。我們認為評量訪員這幾部分的表現，這麼做實質上是很普遍的，而且許多調查機構所提供的回饋也只就訪員這幾方面的工作情況。

第二級督導除了提供以上所列幾方面的回饋之外，還加上一份對已完成訪問明細的評量結果。對已完成的明細的評量主要的重點是在於訪員是否遵循指示、錄音的結果是否完整、正確。雖然這樣的評量並不能直接觸及到問答的過程，但是相對於第二級督導，對這些細節的注意就可以傳達出對於所蒐集資料的關切之意。而且這樣的督導程序已大概仿照了那些在方法學上相當嚴謹的調查機構所給予他們自己的訪問人員所會給的回饋了。

第三級督導要求訪員將其所有的訪問都錄音下來。每周至少有系統的評量一份被錄下的訪問，而從督導所得的回饋包括了訪問執行的評量，也包括了前面兩級督導所包含的幾方面。

很諷刺的是，我們無法直接由訪員執行問答過程的方式來評量這些不同級的督導的影響，因為我們缺少有關於被指定在第一級和第二級督導之下的訪員的資料。不過，我們確是有來自於與受訪者的訪問和訪員自我報告的資料，可藉以評量督導的影響。除此之外，更重要的是我們得以比較在不同級督導之下的訪問的資料品質。

在以下的章節中，我們將把督導效應的討論分為四部分來說明：

1. 訪員對工作的認識；
2. 受訪者的反應；
3. 訪問的技巧；以及
4. 所得資料的品質。

訪員對工作的認識

　　第一個要問的問題是，究竟訪員是否有注意到他們在不同督導程序之下所收到的回饋內容的差別。很清楚的，答案是「有差別」。訪員對其所得回饋的評價高低，是和那些只接受有關回答率和開銷的評量的訪員（第一級督導程度），以及那些還接受到有關所完成訪問的品質之回饋（第二和第三級督導）的訪員之間的最大差異，預期是會呈現一種單一方向的關係。

　　所有的組別在評定如何從事訪問的資訊來源時，訪問工作的練習、先前的工作經驗以及訪問的訓練都被評為比從督導處所得回饋要高。但是，不同級督導的影響所反映在對督導回饋的重要性之評定結果是如所預期的方向：那些在第一級督導的訪員對於來自督導回饋的評定，相對於其他兩組而言，是對如何從事訪問的資訊來源中較不重要的一項。

　　將訪問內容予以錄音的一項要旨是要對訪員傳達：他們所處理的問答過程是很重要的。因訪員工作的多面性，我們認為如果訪員沒有直接受督導，一些如標準化的事情也許就會被排除在首要任務之列。若從一般的理由來看，我們認為對已完成的訪問提供回饋，即使該回饋一定不能涉及資料是如何蒐集的，但是至少可以製造出一種在意資料的感覺，而這可能對影響訪問的表現是很重要的。

　　有關於這個議題的資料是從「調查研究中心」針對訪

員表現的研究中有關訪員對任務優先性的認知部分得來的。如表 8.2 所列的，訪員在三組不同的督導程度中，在認知上顯現出極大的不同。在該研究中心中，雖然各組均認為取得正確的答案是最重要的目標。但是接受第一級督導回饋的訪員要比接受其他級督導的訪員更認為回答率和工作效率對研究中心是非常重要的事情。相對地，接受第二級和第三級督導的訪員，在研究中心的優先次序結構中，將作為一個標準化的訪員列為比其他事項更為重要的任務。歸結起來，這些資料清楚的顯現出，訪員所接受對其表現的不同回饋程度會影響到他們對研究機構所在意事項的認知。雖然這也許不是令人訝異的結果，但是的確顯示出，研究機構和訪員溝通的價值，部分得以藉由訪員所得的回饋達成。這些結果和我們的論點是相當一致的，也就是訪員表現的任何一面向若評量的結果不一致的話，就不太可能被視為是一項優先的任務。

最後，也許有人會問，究竟這些督導程序會如何影響訪員對於訪員工作的感覺呢？一般會有的憂慮是，訪員不喜歡將訪問錄音下來，受到密切的監督。雖然在開始的時候會有少數訪員對此抱怨，我們的經驗是，當錄音的工作呈現出是一般的工作項目時，他們就會習慣這個工作項目了。我們從訪員訓練和督導的研究所得的資料是和我們的經驗一致的。極少有證據顯示出訪員會因此而對其工作的反應有負面的影響。特別是，訪員接受督導的方式，和他們對作為一個訪員的感覺，並無關係存在。訪員對於研究管理的評分是和督導的級數相關，但是相關的方向頗怪異。

第二級督導的評分是最不正面的，而第三級督導是最正面的。

表 8.2　訪員對研究中心人員各種目標的重要性之排序
——依督導級數分

目標	對中心重要性的排序 (1－最重要；5－最不重要) 督導級數		
	I	II	III
回答率	2.5	3.3	3.0*
效率	2.9	3.2	3.2*
標準化	2.6	2.4	2.3*
獲得正確的答案	1.5	1.5	1.4
快速地完成指派的案數	4.6	4.7	4.8

註：在三級督導間有顯著的不同，$p < .05$，F 檢定。

　　特別是當訪員對其督導程序做評分時，如果他們是接受比較仔細的督導時，他們的評分也顯著的較高。此外，將訪問錄音的訪員會比那些沒有錄音的訪員對其訓練的評價更高。我們相信這是因為訓練的目標是鎖定在問答的過程，但是只有第三級督導真正對這方面的表現做評量；因此，只有接受第三級督導的人才真正從訓練中所強調要學習的重要訊息直接受益。總體而言，將訪問加以錄音對於訪員評定其訪問經驗並不會有負面的影響，甚至在某些方面，明顯的有正面的效果。

錄音對受訪者的效應

也許有人會認為錄下訪問的內容可能從兩方面影響到受訪者。其一，受訪者可能會對於受訪的經驗有負面的反應，因為他們不喜歡被錄音下來；其二，錄音會影響訪員行為，而在相應程度上可能會讓受訪者對訪問有不同的感覺。

我們檢視了許多受訪者對於訪問和訪員反應的報告。例如，我們檢視了受訪者所認為該訪問之重要性及其對該訪問之興趣的報告。我們也檢視了受訪者對他們是否認為有任何題目是太過於私密性或是他們是否會因答案太令人尷尬而使得要正確完整的回答題目有困難。受訪者對以上這些情況的評分都和他們的訪問是否被錄音下來沒有任何關聯。

我們也研究了受訪者對訪員，及訪員的行為舉止的評分。雖然我們並不認為受訪者可以給予我們有關訪員提問題和追問答案的表現的一些好的資訊，我們感到興趣的是，在受訪者對於訪員是否佔用了他們的時間，或是訪問進行得太快，訪員是否在訪問當中卡住了、或者是花了相當時間訪問、訪員有多友善，或是訪員有多專業等項目的報告中，在統計上並沒有顯著的差異。在所有的項目中，錄音與否和受訪者對訪員的評分之間，在統計上都沒有顯著的相關。

我們也檢視了受訪者對於訪員對於受訪者答案的正確

性有多關心，及訪員是否希望得到確切的答案或只是一般想法等事項的評分。同樣地，雖然從一千三百位受訪者的回答來進行分析，資料所呈現的信度相當高，但是卻未見與訪問是否錄音有一致性的關係呈現。

在受訪者的報告中，唯一在統計上有顯著性差異的是不同的督導程度和訪員所表現出多緊張或多輕鬆的相關性。有錄音在進行的訪員被受訪者評為表現得較不輕鬆。除此之外，那些只受過不到一天訓練的訪員以及那些被錄音的訪員，其表現顯然是最被評為最緊張的。

總言之，從與受訪者的訪問中，並沒有證據顯示其對錄音有負面的反應。當然，任何不希望被錄音的受訪者其訪問也就沒有被錄音，只有在取得受訪者同意之下才會進行錄音的工作。然而，只有不到 10% 的受訪者拒絕被錄音。從這個角度來看，若欲對訪員進行品質的控制，顯然錄音的方式是一項可行的方法。

對訪員技巧的監督之效應

我們先前有提到，沒有訪問的錄音資料，則我們並無法去比較接受不同級督導之訪員其實際的問答過程。而對於有被錄音的那一群訪員，我們有一些關於系統性回饋對訪員技巧的影響深淺的證據。每一個訪員被指派的工作都是隨機分為兩半。因此，我們可以從每一位訪員被指派的

前半段和後半段工作來比較是否因條件之改變而有不同的結果。對那些被錄音的訪員,我們比較了每一位訪員前半段和後半段工作在訪問行為方面的評分。

在檢視表 8.3 時,有三點應該要說明的。第一點,我們必然是從一段非常短的時間來檢視其變化。在該研究中,訪員只工作了五、六個禮拜的時間。因此,我們是比較訪員前兩、三個禮拜及其第四、五、六個禮拜的工作表現。第二點,雖然訪員被指示要將他們的訪問錄音下來,但每週與之討論的只有其中的一兩個訪問。訪員每週會和一位督導就其表現進行一次會談。因此,訪員總計只有從督導處得到三或四段的回饋。最後一點,實際上並沒有真的嘗試要再對訪員訓練;督導程序的目的是要向訪員傳達訪問的標準,以及在某些程度與訪員保持會談。

表 8.3　從訪問錄音帶中過錄得知的訪員行為之測量
　　　　——訪員指派訪問的第一部分和第二部分
　　　　（針對所有訓練小組，第三級督導）

| 從錄音帶中得知的訪員行為 | 指定的部分 | | p |
	第一部分	第二部分	
錯讀題目／訪問的平均次數	14	12	不顯著.
追問性引導／訪問的平均次數	6	5	< .05
未能追問不恰當答案／訪問的平均次數	6	6	不顯著.
封閉性問題的答案／訪問記錄不準確的平均次數	1	1	不顯著
開放性問題的答案／訪問記錄不準確平均次數	3	3	不顯著
給予不恰當的回饋／訪問的平均次數	1	1	不顯著
訪員表現評為優良或令人滿意的百分比			
逐字唸出題目	63%	70%	不顯著
追問封閉性題目	61%	73%	< .03
追問開放性題目	42%	48%	不顯著
記錄封閉性題目的答案	88%	91%	不顯著
記錄開放性題目的答案	68%	74%	不顯著
無偏誤的人際行為	81%	87%	不顯著

在這樣的條件下，卻很令人訝異的是，訪員在整個研究中，其訪問的技巧並無多大的改進。雖然一般所觀察到的差異性是符合預期的方向，但是基本上，訪員所被指派的前半段和後半段的工作所得的評分平均上是差不多的。此外，當檢視接受不同訓練時數的訪員的資料，也有同樣的情形出現。雖然那些受訓不到一天的訪員在開始的時候訪問技巧非常差，但在錄音並得到評量性的回饋之後，並

沒有任何改善（表 8.4），唯一有的改變是受訓五天的那組訪員，其在後半段的表現提高到一般所期望的程度。

表 8.4　從訪員指派訪問的第一和第二部分對兩種訪員行為的評等（只針對第三級督導）

在逐字讀題上被評為表現傑出或令人滿意的百分比

| | 指定的部分 | | |
訓練課程的長短	第一部分	第二部分	淨變化
<1 天	32%	28%	-4%
2 天	83%	84%	+1%
5 天	64%	79%	+15%
10 天	85%	83%	-2%

在追問開放性題目上被評為表現傑出或令人滿意的百分比

| | 指定的部分 | | |
訓練課程的長短	第一部分	第二部分	淨變化
1 天	18%	13%	-5%
2 天	57%	54%	-3%
5 天	44%	61%	+17%
10 天	70%	69%	-1%

　　從這些資料看來，我們的結論是，監督和回饋本身並不能改善訪問的技巧。訪員在訓練結束時所表現的能力水平就是他們會有的最佳狀況，除非採取再訓練的策略。我們的觀點是，在訓練中採用有督導式的練習是教導標準化訪問技巧的關鍵步驟，因為要確認這些技巧有被使用，督導是一個關鍵的方法。

對資料品質的監督之效應

在我們對於訓練影響的分析中，採用了兩種量數來測量訪員所蒐集的資料的品質：rho，層內相關，是測量訪員的一致性；以及另一種偏誤的測量，也就是訪員所獲得的估計中，比所有的訪員在平均較多或較少偏誤的程度。這些資料都呈現在表 8.5 中。

關於 rho 係數，它會隨著督導的程度有一些微小但隨級增加的改進；兩種比較密集的督導，平均對減低層內相關都有影響。而且如果只比較那些有錄音的訪員和其他的訪員，在統計上可以看到如預期方向的顯著性差異（單尾檢定）。

但是除此之外，在這個特別的研究中，在訪員受訓時間長短與督導角色在減低層內相關上存有交互作用。特別是，比較密集的督導程序對那些接受些許訪員訓練和那些接受最多訓練的訪員特別有幫助；在這個研究中，對那些接受兩天到五天訓練的訪員並無特別的影響。

關於偏誤的測量，其所顯現的趨勢是如所預期的方向，錄音的正面效果在統計上並未達顯著。要再重申的是，錄音與訪員訓練的交互作用是顯著的。那些接受不到一天訓練但被錄音的訪員，其所獲得的資料是極端偏誤的。如果這些訪員被排除在分析之外的話，資料則顯示錄音的價值在降低調查估計中的偏誤上是有顯著的正面影響的。

表 8.5　被判為可能有系統性偏誤的所有項目及平均標準分數
　　　　（×1000）的層內相關——依督導級數分

資料指標的品質	督導級數		
	I	II	III
層內的相關	.012	.010	.008[*]
標準分數（偏誤）（所有訓練小組）	4	5	20[**]
標準分數（偏誤）（不包括訓練天數少於一天的）	0	4	34[***]

註：[*]t=1.6，第三級 vs.第一、二級，p＜.05，單尾檢定，分數較低表訪員
　　效應小。
　　[**]t=1.0，第三級 vs.第一、二級，p 值不顯著，分數較高表偏誤小。
　　[***]t=1.8，第三級或第一、二級，p＜.04，單尾檢定，較大值表偏誤小。

結論

　　我們相信對訪員督導的品質是訪員工作表現的好壞，以及訪員所蒐集資料品質的一項關鍵性的決定因素，即使光是督導本身並不能確保好的訪問結果或是好的資料。最令我們訝異的是雖然本來也許不會如此，我們發現密集式的督導並不能彌補不當的訓練。假使訓練的結果，訪員尚未能準備充分以有好的表現，則之後的評量與回饋本身並不足以使之表現更佳。事實上，我們有一些證據顯示，接受不當訓練但是後來被密切督導的訪員，其表現比讓他們放牛吃草的表現還要不好，而不是更好。特別對於偏誤的

測量來講，更是如此。

另外一項因我們的研究而增長其說服力的見解，是密切督導對那些對自己的訪問技巧覺得很有自信的訪員的重要性。雖然對所有的個案，資料都未達統計上的顯著水準，在我們研究中受過十天訓練的訪員，已經相當熟悉如何做一個好的訪員，但是在蒐集資料時並未被錄音的這些人，其標準化的表現比預期的要差；的確，這樣的訪員所蒐集的資料要比那些接受較少訓練的訪員所得的資料較不標準化。而且，那些被錄音且接受高度訓練的訪員是最標準化的。我們相信，很有經驗的訪員，就像我們那些也許被訓練過頭的訪員，會自覺越來越可以隨其判斷來做訪問，除非他們被有系統的督導。

簡言之，我們認為仔細的監督訪員在訪問中實際的表現，並不是在教導新的技巧，但是它有助於確保訪員將會使用他們所得的技巧。雖然我們只有一個為期六星期研究的資料，相關的研究結果也從其他的研究中的報導得到了補充。例如，Cannell 等人（1977a）的報告中發現，在一份由訪員歷時五個星期所蒐集的住院資料的研究中，其資料的效度有越來越下降的趨勢，也就是離完成訓練的時間越久，得到的資料就越糟。他們也報告，在每位訪員所負責的訪問數量多寡和訪員所得的住院記錄報告的百分比之間呈現負相關。在另外一個研究中，Bradburn 和 Sudman（1979）報告，有經驗的訪員在讀題時所用的字句顯然地要比新訪員更不正式（表示他們較常會讀錯題目或是自己增加字句）。簡單的說，雖然這些資料不是很豐富，但當

有這類資料存在的時候，結果傾向於指向這樣的方向：當
訪員對其技巧越有信心時，他們也容易會越偏離一些對蒐
集品質良好資料而言很重要的行為；也就是越來越不標準
化。

　　當有越來越多的訪問是在電話中進行時，對訪員表現
進行系統性的督導也就越可行了。事實上，電話訪問的一
些研究方法上的強力優勢之一應該是更可能確保標準化的
訪問。此外，電話監督系統的另一優勢，基本上是可以立
即給予訪員回饋。

　　此外，我們認為我們已經證明了錄音的方式是當訪員
進行面對面訪問時，一項可以嘗試而且有效的獲得積極成
果的方法。證據清楚顯示，受訪者並不會介意，亦即從受
訪者的角度來看，錄音的進行並不會影響到訪問的經驗。
其次，從訪員的資料亦清楚的顯示，當訪員受到監督時，
他們會察覺到標準化對研究機構的優先重要性。最後，雖
然較密集的問卷檢閱和訪問錄音的效果並未顯現在所有的
訓練類組及所有的測量上，只有唯一一個例外就是那些受
訓不到一天的訪員，錄音對資料品質的影響，一般是呈現
出正面效果的模式，這也清楚地顯示，錄音對一個好的調
查資料蒐集的設計有其可貴的附加價值。

9

在調查中如何減低訪員相關的誤差

　　在本章中，我們試圖要將本書所呈現的材料做一番彙整，以對於如何盡量減低訪員相關誤差題供一個整合性的總結。

　　當訪員在執行他們那部分的問答過程有不一致的情形時，訪員便和調查中的偏誤有了關聯。受訪者在調查中所給予的答案構成了測量過程的成果。訪員之間或是訪員與受訪者之間所表現出不一致的程度會影響到受訪者的答案，進而導致了較不精確與較低效度的測量。在所獲得的答案中的變異的百分比是可以被歸因為事情的真實狀況，真實的數值，也是研究者所欲測量的；但其答案中的變異性是可以減低的，因有很高的比例是因為訪員的因素。

　　在研究中，訪問工作人員負責執行資料的蒐集，此為研究者的集體延伸。為了要將訪員相關的誤差減至最低，研究者的任務便是要盡可能將由所有訪問工作人員與其所

有的受訪者在執行資料蒐集的程序一致化。研究者有六個
不同的方式可以影響訪問的一致性：

1. 訪員所要詢問的題目字句；
2. 所給予訪員有關如何處理問答過程的詳細指示或守則；
3. 所給予訪員有關如何建立和維持與受訪者關係的指導與
   程序；
4. 訪員的選擇；
5. 訪員的訓練；以及
6. 在資料蒐集過程中訪員被督導的方式。

題目設計

我們在其他的地方曾寫過（Fowler, 1984），為了使題
目成為可信賴的測量工具，至少必須達到三個標準：

1. 題目必須編寫完全，以便讓受訪者得以提供答案；
2. 題目對每一位受訪者代表的意義是相同的；
3. 對所有的受訪者清楚的傳達出什麼樣的答案是對題目的
   適當回答。

研究者可以對標準化訪問做到的一項重要貢獻就是將

編寫的題目都達到以上標準。當研究者所寫的一個題目未能達到這些標準時，就會對訪員與受訪者製造了一個困擾，也常會不易以標準化的方式來解決這個問題。

要寫出可以使所有受訪者完全清楚與一致了解的題目是很困難的。不過，研究者可以比他們現在所做得更好。要確認出這些題目問題所在，一般前測的程序是根本不適當的。在我們的經驗中，資深的訪員不會在意在前測的時候對於字句有些微的修改。前測時規模也常太小而無法真正挑出受訪者對題目會有的問題，我們認為在前測階段對問卷發展上多用心，可以有顯著的收益。以下是幾項出現在所涵括的程序以外，更應該採用的程序：

1. 在研究實驗室的情境下，逐題測試回應的工作，以及對關鍵名詞的了解，可利用認知心理學家所使用的技巧，現在在調查研究界中這些技巧才開始成為風尚。
2. 大量使用焦點討論團體的方法，以得到人們對於調查中所陳述的名詞、概念和議題的想法有更進一步的了解。
3. 將前測的訪問予以錄音和過錄，以對於那些不易讀出的措辭、需要再澄清的題意、需要重覆偵測的題目，或是因其他原因對受訪者與訪員造成困難的地方等等，提供有系統的資訊。

即使採用了這些程序也不確定就可以製造出一份完美的問卷。不過，我們相信有很多題目，即使是那些由最專業的機構所執行的大樣本研究中所採用的題目，可能馬上

可以被指認出是不符合這些標準的。雖然以上所列的程序並不保證將所有的問題一網打盡，但我們有自信它們已經涵蓋許多問題的所在。我們的看法是，沒有其他地方比題目設計的改進更可以提升標準化訪問的程度。

訪問程序

給予訪員有關如何執行問答過程的標準指導似乎是不錯的原則，假設訪問的進度良好的話。以下是這四個標準原則：

1. 確實按照題目字句讀題；
2. 間接的追問不適當的答案；
3. 記錄答案時不加訪員本身的判斷；
4. 與受訪者保持人際間的中立、無判斷性的關係。

這些原則目前看來用得還不錯。不過，如果當產生這些原則無法解決的問題時，標準化的目標就會受到威脅了。

如先前所說明的，要應付這樣的問題，第一個也是最好的方法就是在設計題目的時候盡量小心以避免這種情形的發生。若是無法避免，就如它有時候總會發生的，訪員就會有一些壓力而打破一些標準化例行的原則，以一些個別的方式來解決問題。簡言之，當題目對受訪者來講並不

十分清楚，或是不符合其情況，訪員就很有可能會企圖去編寫一個比較符合狀況的題目。特別是當訪員在進行訪問時沒有其他工具或是不知道其他替代的選擇，訪員越可能有這樣的企圖。以上的四項守則並沒有告訴訪員當他與受訪者的互動因素中的某一項原因停擺了，該如何繼續進行訪問。

當標準化的原則因為受訪者表現的方式而打破了，訪員繼續進行訪問的正確作法是，向受訪者解釋什麼是標準化測量，並使其了解有時候是有可能會產生一些問題的。當題目的意義不清楚時，受訪者為什麼應該要回答題目就並不是那麼顯而自明的。但是，如果研究者訓練訪員如何去訓練受訪者，包括教導訪員如何向受訪者解釋所遭遇的情況，那麼問答的過程就可以以一種標準化的方式來進行了。

與受訪者的關係

少數的研究機構給訪員很多關於如何與受訪者建立關係的守則，因為大部分的情況對於那些是最好的守則並無共識。在第 4 章中，我們詳細的檢視了此關係的兩個面向：受訪者被給予的關於該調查的資訊，以及訪員型態與受訪者的關係。我們的結論是，沒有任何一方面是可以標準化的。受訪者被帶進訪問後所接受到的資訊的多寡大不相同，

而他們所抱持的目標也不相同，而就大多數研究所使用的方法上來講，想要提升受訪者資訊的空間很有限。如此一來，幾乎可以肯定的是，每一個受訪者對該研究的資訊，對研究目的的了解，以及他們本身參與該研究的目標，都差距甚大。

關於訪員與受訪者關係之品質，雖然親切又專業的形象似乎是最理想的，不過訪員與受訪者所形成的關係，在其特徵上仍大有不同。對不同訪員－受訪者的配對要建立一種可以符合理想模型，在本質上就有許多限制。

受訪者的認知與其和訪員關係的特徵是並不能被操作或是控制，而對受訪者表現卻是可以使之在訪員與受訪者之間有一致的標準。Cannell 及其同儕列出五種不同的方式可以將一致的標準傳達給受訪者：

1.　訪問的速度（pace）；
2.　提供受訪者一個模型；
3.　無論是在訪問之前或訪問當中，都能提供給受訪者對其期望一套一致的指示；
4.　對所欲的行為予以模式化的強化；以及
5.　要求受訪者承諾其表現要在某一水準以上。

在訪員的標準化操作程序中，配合以上其中一或多項策略，研究者便可以減低這類訪員與受訪者變異性的重要來源，同時幾乎可以肯定的是，將可以改進資料的品質。

訪員的選擇

關於訪員的選擇有兩類的議題：影響訪員處理測量過程的能力的特徵，以及可能影響對情境本身造成刺激的特徵。

從訪員能力的觀點來看，除了良好的讀寫技巧和平易近人的個性之外，我們並不知道其他有什麼可信的標準可以在一群有潛力的訪員中做選擇。

在訪問中，訪員的確有許多可識別的人口特徵可能會影響到訪問的情境，其中包括年齡、性別、階層，以及種族或民族背景。此外，在一般的情況下，我們在本章之前所列舉的程序，再加上訪員所接受的訓練與督導，都會使訪員的人口特徵作為一項影響訪員相關誤差的因素更為模糊。

不過，如果所問的題目直接與訪員的特徵相關，而使受訪者會因為訪員的特徵而一致的傾向於判辨（或是強制選擇）某一些答案，那麼訪員對資料的影響就顯而易見了。舉例而言，看的出是猶太人的訪員就比那些非猶太外貌的訪員不會得到一些反猶太的答案。雖然常常很難從那些是最好或最正確答案的觀點來詮釋在這樣情境之下所得的結果，但是當人口特徵會與答案產生關聯時，顯然的就是無信度，也是在測量過程誤差的來源。

在這樣的情形下，研究者可能希望要考慮以下兩種因應之道的其中之一。第一，他們可以只選擇那些訪員，都

具有他們認為會影響到答案的人口特徵。第二，如果並非所有的訪員都有相同的人口特徵，研究者可能會希望要指定具代表性或是可比較的受訪者樣本給兩種不同人口特徵的訪員，例如，男性與女性訪員，如此一來，訪員的特徵（性別）便可以在分析中納入考慮並加以測量。

但是整體而言，我們要傳達的最重要的訊息是，也許對大部分的研究來說，訪員的選擇在減低訪員相關誤差時，並非一項重要的策略。

訪員的訓練

即使是那些有才能的人也不是天生就是標準化的訪員。若無接受兩天或三天以上訓練的人，其中包括對不同程序的督導式演練以及調查訪問所涉及的問題解決技巧，就不能期望他們可以成為可被接受的標準化訪員。

我們對訪員訓練的研究內容包括了一組接受了大約半天演講和示範的課程，除此之外，這一組組員亦有一份專業的手冊可閱讀，在開始訪問之前做過一次訪問練習，而且訪員藉由每週與有經驗督導員的接觸加以監管。因此，雖然訓練本身很短，其訪問工作是在非常專業的脈絡中進行，而良好的訪員行為的標準也充分的傳達予訪員。但是，即使是和那些受訓兩天的訪員，他們標準化訪問的技巧仍是普遍不佳。雖然他們在徵得受訪者合作、與受訪者建立

關係、在效率和生產力方面都和其他訪員一樣好,但是從訪問錄音中顯示,他們在讀題、非引導性追問、記錄開放式題目和保持人際中立等方面的表現均不盡理想。而且即使在他們得到關於這幾方面的回饋之後,這些技巧並沒有顯著的改善,至少在研究進行的六個星期中是如此的。

以上所列舉的主要訪問技巧只是在蒐集好的資料過程一部分而已。不過我們的證據已清楚的顯示,我們為時最短的訪員訓練,也就大約只有半天的課程,並不能提供在訪問技巧上適當的訓練。如果想要有一致的、好的資料蒐集過程,訪員應該接受更多的訓練。

督導

我們主要的信念之一是,若要有標準化的調查研究,問答的過程就應該要加以督導。以電話訪問調查而言,督導就是要有一致的監督程序、評估、以及重在訪員處理問答過程及與受訪者關係的回饋。若是個人的面對面訪問,督導的程序代表了訪問錄音、評估和回饋。我們的結果清楚的顯示,這樣的程序減少了訪員相關誤差,而對那些接受不止一次訓練的訪員,所產生資料偏誤的情形也較少。評估完成的訪問,以及提供回饋的程序可以幫助對訪員傳達其資料蒐集方式的重要性。不過,直接對問答過程的監督對訪員任務的優先性與標準化的強調影響更大,也改進

了所實際蒐集到的資料品質。依我們的觀點，這樣的監督應作為執行調查操作時的一項標準程序。

結論

在過去十年左右，整個調查設計的概念在方法學者間已漸成流行。這裡，方法學家所指的是，在研究計畫中，當要做資源分配的決定時，會考慮到資料蒐集過程的所有面向。

過去許多年，似乎只有抽樣的設計和反應率才是調查品質的指標。即使是今日，也可以看到會有註解註明從某調查的估計中有多少邊際誤差，舉例而言，「正負四個百分點」。這個註解只是描述抽樣誤差，一個因為資料的蒐集並非由母體中每一個個人所得，而只是從母體中的一的樣本所蒐集到的，而導致調查估計的不確定性。那是一個立即可以被計算的數值：它基本上就是所得樣本被觀察到的內容與其樣本設計的大小對變異量的比例。但是這樣的註解完全忽略在調查估計中其他所有可能的誤差來源。這樣的註解方式意味著抽樣誤差是調查中唯一的誤差來源。

有一個理由研究者可以把抽樣誤差當做是調查中主要或是唯一的誤差來源，那就是該誤差是一種可以立即觀察得到或被計算的。調查的另一方面也具有此特徵的就是反應率。但是，根源於問答過程進行中的誤差，也因而稱為

反應誤差，一般是不能觀察到的，也因此常會被忽略。

在此脈絡中，當研究者試圖設計一個調查，並決定資源分配時，假設其關心焦點是盡量減低誤差。通常人們會閱讀其研究計畫書，其中誤差將會減至最低，或再藉由增加樣本數或設計更有效率的樣本來降低誤差。比較少見但仍有可能的作法是，研究者可以選擇採用一些步驟來增加期望的反應率，以減低誤差。在本書所討論的各種步驟中，很少見到研究者會陳述這些減低誤差的問題。然而，有很好的理由可以使之認為，在調查估計的品質上，這些步驟可以跟增加樣本數目有一樣甚至更多的效果。此外，在整個調查預算的環境下，這些步驟大部分都是相當廉價的。

表 9.1 是一個總結的工作，所顯示的是研究者可以改進其估計的一些選擇的整理，這些選擇包括了樣本數目以及減低訪員相關誤差的各種策略。即使是根據我們現在有的資料，顯然地，對於許多估計來講，這些減低訪員相關誤差的步驟相對於樣本數目的增加，其花費對於改進調查估計是很有效果的。而幾乎可以確定的是，此表對於這些步驟可以改進調查估計的可能性有所低估。舉例而言，設計更好的調查題目可能是唯一一個最好的方式來減低那些可以被歸因於訪員的誤差，而且，較好的題目也同時可以改進受訪者一致且正確回答題目的能力。

表 9.1　減少估計標準誤差的五種方式

策略	方式	可能增加的成本	對標準誤差的影響
樣本大小 [1]	增加 20%的樣本	按資料蒐集增加及資料削減的成本的比例	減少 10%
訪員訓練 [2]	如果訪員接受的基礎訓練少於一天，則增加一天或二天	每位訪員額外訓練一天的費用相當於訪員十二個小時的薪水	在 1/3 最受訪員影響的調查項目中，減少 10%的誤差
錄音督導 [3]	錄下所有或部分訪問樣本；一星期檢查每位訪員一次；提供回饋	每位訪員每個星期大約二小時	在 1/3 最受訪員影響的調查項目中，減少至少 10%的誤差
題目設計 [4]	改寫題目以減少偵測之需要，並使管理及讀題上更容易	大約需兩倍訪問時間從前測中所錄下內容來列出訪員行為，另需改寫題目的時間	效果尚未證實，但資料顯現可能得到最重要的收益
每位訪員的訪問數 [5]	增加 25%的訪員以減少 20%的指定訪問次數	很難估算，但在相同的效果下，其所需經費一定少於改變樣本數所需的經費，但有同樣的效果	在 1/3 最受訪員影響的調查項目中，減少 10%的誤差

註：[1] 如果使用的是複雜的抽樣設計而不是簡單隨機樣本，這個方式可能需要增加 20%以上的訪問以達到同樣的效果。

[2] 如果有多於最少的訓練，當然會對標準誤差的改進有直接的影響，但是若有更多的訓練則更可以在減低資料偏誤上獲得報償。

[3] 鑑於訪員因無錄音或回饋而使品質惡化，錄音可能在長期來講有更大的好處，亦可顯著的減低那些以受適當訓練訪員的偏誤。

[4] 大概也可以改善受訪者的報告。

[5] 可能也可以減少因訪員訪問數過多所引起的疲憊而造成的偏誤。

如我們在第 2 章所提到的，為什麼對於訪問品質以及會影響到訪員表現的調查設計的特徵只有些微關注的理由之一，就是反應誤差與訪員相關誤差若無特別的工夫是無法觀察得到的。那些沒有特別花工夫去控制訪員誤差的人也就更不會花工夫去測量它。但是，隨著社會科學家逐漸被賦予蒐集重要資訊的責任，他們也就更有義務要做到科學化，並且以嚴肅的方式嘗試去測量此誤差。若說題目的設計是一種藝術還不夠，藝術意涵著對於成功的界定並無標準，而我們所談的並不是這回事。我們列出了一些可以非常具體的標準可以應用在題目的設計上，其中首要的標準就是這些題目可以在標準化、一致化的方式來管理。

　　同樣的，作為一個訪員並非是靠感覺或品味。訪員要做的好或壞都有一定的方式。有一定的規則需要遵循。訪員如何進行訪問是很重要的。我們提供了許多規則和標準是作為一個好訪員以及在科學的測序過程中要扮演一個關鍵性角色所應該要遵循的。此外，我們也列出了研究者可以採取的步驟，以找出訪員是否如其應該要執行測量過程的方式，以產生出好的測量結果。

　　就我們的知識中，仍有一些縫隙，我們認為在未來我們可以設計出更好的程序來測試調查的題目。我們認為我們可以學到更多如何使受訪者更有準備的參與訪問的最好方法。然而，我們也相信，所列出的步驟和程序，都是立基於良好的實徵文獻，可以顯著的改善訪問的品質及以調查為主的估計的品質。我們認為在調查研究的領域中，最主要的問題不是在執行上缺乏方法學上的知識，而是在研

究社群中缺少對於改進訪問品質與調查估計工作的一份承
諾。我們衷心企盼本書對於改善這樣的情況有所貢獻。

參考書目

Anderson, B. A., B. D. Silver, and P. Abramson. 1988a. "The Effects of the Race of Interviewer on Race-Related Attitudes of Black Respondents." *Public Opinion Quarterly* 52 (3) 289-324.

Anderson, B. A., B. D. Silver, and P. Abramson. 1988b. "The Effects of Race of the Interviewer on Measures of Electoral Participation by Blacks." *Public Opinion Quarterly* 25 (1) 53-83.

Billiet, J. and G. Loosveldt. 1988. "Interviewer Training and Quality of Responses." *Public Opinion Quarterly* 52 (2) 190-211.

Bradburn, N. A., S. Sudman, et al. 1979. *Improving Interview Method and Questionnaire Design.* San Francisco: Jossey-Bass.

Cannell, C. F. and F. J. Fowler. 1964. "A note on Interviewer Effect in Self-Enumerative Procedures." *American Sociological Review* (29): 276.

Cannell, C. F. and F. J. Fowler. 1965a. "Comparison of Hospitalization Reporting in Three Survey Procedures," *Vital and Health Statistics*, Series 2, (8), Washington, DC: U.S. Government Printing Office.

Cannell, C. F., F. J. Fowler, and K. H. Marquis. 1965b. *Respondents Talk About the National Health Survey Interview.* Survey Research Center. Ann Arbor: University of Michigan. Mimeographed.

Cannell, C. F., F. J. Fowler, and K. H. Marquis. 1965c. *Report on Development of Brochures for H.I.S. Respondents.* Survey Research Center. Ann Arbor: University of Michigan. Unpublished manuscript.

Cannell, C. F., G. Fisher, and Thomas Bakker. 1965d. "Reporting of Hospitalization in the Health Interview Survey," *Vital and Health Statistics.* Series 2 (6). Washington, DC: U.S. Government Printing Office.

Cannell, C. F., F. J. Fowler, and K. H. Marquis. 1968. "The Influence of Interviewer and Respondent Psychological and Behavioral Variables on the Reporting in Household Interviews," *Vital and Health Statistics*, Series 2 (26). Washington, DC: U.S. Government Printing Office.

Cannell, C. F., K. H. Marquis, and A. Laurent. 1977a. "A Summary of Studies." *Vital and Health Statistics*, Series 2 (69). Washington, DC: U.S. Government Printing Office.

Cannell, C. F., L. Oksenberg, and J. M. Converse. 1977b. *Experiments in Interviewing Techniques: Field Experiments in Health Reporting: 1971-1977.* Hyattsville, MD: NCHSR.

Cannell, C. F. et al. 1987. "An Experimental Comparison of Telephone and Personal Health Interview Surveys." *Vital and Health Statistics*, Series 2 (106). Washington, DC: U.S. Government Printing Office.

Cannell, C. F. and L. Oksenberg. 1988. "Observation of Behaviour in Telephone Interviewers." Pp. 475-495 in *Telephone Survey Methodology*, edited by R. Groves et al. New York: John Wiley.

Cohen, A. R. 1958. "Upward Communication in Experimentally Created Hierarchies." *Human Relations* 11: 41-53.

Converse, J. M. and S. Presser. 1986. *Survey questions.* Beverly Hills, CA: Sage.

Converse, J. M. 1987. *Survey Research in the United States.* Berkeley: University of California Press.

Cronbach, L. J. and P. E. Meehl. 1955. "Construct Validity in Psychological Tests." *Psychological Bulletin* 52: 281-302.

DeMaio, T. J., ed. 1983. *Approaches to Developing Questionnaires*. Statistical Policy Working Paper 10. Washington, DC: U.S. Government Policy Office.

Erlich, J. and D. Reisman. 1961. "Age and Authority with Interview." *Public Opinion Quarterly* 25: 39-56.

Fowler, F. J. 1966. *Education, Interaction and Interview Performance*. Ph.D. dissertation, University of Michigan.

Fowler, F. J. 1984. *Survey Research Methods*. Beverly Hills, CA: Sage.

Fowler, F. J. & Mangione, T. W. 1986. *Reducing Interviewer Effects on Health Survey Data*. Washington, DC; National Center for Health Services Research.

Groves, R. M. and R. L. Kahn. 1979 *Surveys by Telephone*. New York: Academic Press.

Groves, R. M. and L. J. Magilavy. 1980. "Estimates of Interviewer Variance in Telephone Surveys." Proceedings of the American Statistical Association, Survey Research Methods Section, 622-627.

Guralk, D. B., ed. 1976. *Webster's New World Dictionary*. Cleveland: Collins and Wood Publishers.

Hensen, R. M. 1973. *Effects of Instructions and Verbal Modelling on Health Information Reporting*. Ann Arbor: Survey Research Center, University of Michigan.

Hyman, H. A., J. Feldman, and C. Stember. 1954. *Interviewing in Social Research*. Chicago: University of Chicago Press.

Jabine, Thomas B., Miron L. Straf, Judith M. Tanor, and Roger Tourangeau, eds. 1984. *Cognitive Aspects of Survey Methodology: Building a Bridge Between Disciplines*. Washington, DC: National Academic Press.

Kahn R., and C. F. Cannell. 1958. *Dynamics of Interviewing*. New York: John Wiley.

Kelman, H. C. 1953. "Compliance, Identification, and Internalization: Three Processes of Attitude Change." *Human Relations* 6: 185-214.

Kish, L. 1962. "Studies of Interviewer Variance for Attitudinal Variables." *Journal of the American Statistical Association* 57: 92-115.

Kish, L. 1965. *Survey Sampling*. New York: Wiley.

Locander, W., S. Sudman, and N. Bradburn. 1976. "An Investigation of Interview Method, Threat and Response Distortion." *Journal of the American Statistical Association*, 71: 269-275.

Lundberg, G. A., et al. 1949. "Attraction Patterns in a University." *Sociometry*. 12: 158-159.

Marquis, K. H., C. F. Cannell, and A. Laurent. 1972. "Reporting Health Events in Households Interviews: Effects of Reinforcement, Question Length, and Reinterviews." *Vital and Health Statistics*, Series 2 (45). Washington, DC: U.S. Government Printing Office.

McKinlay, S. M., D. M. Kipp, P. Johnson, K. Downey, and R. A. Carleton. 1982. "A Field Approach for Obtaining Physiologic Measures in Surveys of General Populations." Proceedings of the fourth conference on health survey research methods. Washington, DC: National Center for Health Services Research, 195-204.

Meisel, A. and H. G. Roth 1983. "Toward Informed Discussion of Informed Consent: A Review and Critique of the Empirical Studies." *Arizona Law Review* 25: 266-341.

Mishler, E. G. 1986. *Research Interviewing*. Cambridge. MA: Harvard University Press.

Newcomb, T. M. 1961. *The Acquaintance Process*. New York: Holt, Rinehart, & Winston.

Payne, S. L. 1951. *The Art of Asking Questions*. Princeton, NJ: Princeton University Press.

Robinson, D., and S. Rohde. 1946. "Two Experiments with an Anti-Semitism Poll." *Journal of Abnormal Social Psychology* 41: 136-144.

Sanders, Barkev 1962. *A Health Study in Kit Carson County*. Public Health Service Publication, No. 844. Washington, DC: U.S. Government Printing Office.

Schuman, H. and J. M. Converse. 1971. "The Effects of Black and White Interviewers on Black Responses in 1968." *Public Opinion Quarterly* 35: 44-68.

Schuman, H. and S. Presser. 1981. *Questions and Answers in Attitude Surveys*. New York: Academic Press.

Stokes, S. L. 1986a. "Estimation of Interviewer Effects in Complex Surveys with Application to Random Digit Dialing." Proceedings Annual Research Conference, Bureau of the Census, 2: 21-31.

Stokes, S. L. 1986b. "Estimating Interview Variance for Dichotomous Items Using a Latent Variable Model." *Proceedings* of the Meeting of the American Statistical Assocation, Survey Research Section, 278-280.

Stokes, S. L. and M. Yeh. 1988. "Searching for Causes of Interviewer Effects in Telephone Surveys." Pp. 357-373 in *Telephone Survey Methodology*, edited by R. Groves et al. New York: John Wiley.

Sudman, S. and N. M. Bradburn. 1974. *Response Effects in Surveys: A Review and Analysis*. Chicago, Aldine.

Sudman, S., N. M. Bradburn, E. Blair, and C. Stocking. 1977. "Modest Expectations: The Effects of Interviewers' Prior Expectations on Responses." *Sociological Methods and Research* 6: 177-182.

Weiss, C. H. 1968. "Validity of Welfare Mothers' Interview Responses." *Public Opinion Quarterly* 32: 622-633.

索引

A

B

C

D

Intraclass correlations　層內相關　36, 41, 105, 109-113, 117, 121, 160, 184, 185

Introductions to respondent　對受訪者的介紹　68-69, 75-78, 85, 99-103, 152-154

K

Kelman, H.C. ,　79-81

M

Modeling　模型示範　99, 194

N

Narrative answers　敘述性的答案（see Open question）

Neutrality, interviewer　中立，訪員　43, 65-67, 73, 158-159, 192, 197

Nondirective probing　非引導性追問（see Probing）

Number of responses　回答的數目　57-58, 61, 114

Numerical answers　數字性的答案　53-55

O

Open questions　開放式問題　21, 26, 51, 55-58, 62-63, 109, 113, 122-124, 168, 197

Option questions　意見性問題（see Subjective questions）

P

Pace　速度 95, 104, 194

Perceptions of interviewers　對訪員的感覺　87-89

Pretest　前測　124, 127, 191

Priorities, interviewer　優先順序，訪員　45-46, 154, 169, 176-179

Probing　追問　19-21, 39-43, 49-62, 111-113, 117, 123, 129, 153-157, 162, 182-183, 192, 197

Psychometric approach　心理測定方法　33-35, 38

Q

Quality control　品質控制 185-187, 197

R

Race, interviewer　種族，訪員　136-138, 143, 195

Reading questions　讀題　29-30, 43-49, 110, 128-129, 153-157, 182-183, 192, 197

Recording answers　記錄答案　43, 62-65, 109, 153-157, 182-183, 192, 197

Reinforcement of respondents　對受訪者的增強　67, 98-99, 104, 194

Reliability　信度　34

Replicability　可複製性　39

Respondent information, knowledge　受訪者的訊息，知識　77-78, 81-83, 194

Respondent motivations　受訪者的動機　76-87

Response rates　回答率　16, 133, 165-169, 177

Rho（see Intraclass correlation）

Roles　角色　14, 22

S

Sampling error　抽樣誤差　16

Sensitive questions　敏感性問題　107, 113

Sex, interviewer　性別，訪員　134, 141,143, 195

Similarity of respondent and interviewer　受訪者與訪員的相似性　139-141

關於作者

Floyd J. Fowler, Jr. 是密西根大學社會心理學博士，畢業後就一直參與各項大型的調查研究，主題包括地區性人口趨勢、民眾對於州政府所提供的服務之態度、賭博行為、種族緊張、對犯罪行為的恐懼感、老年人的需求等，最近的研究工作則集中於測量醫藥治療如何影響生活的品質，Fowler 教授在哈佛大學傳授調查研究方法，也擔任麻州大學設於波士頓的調查研究中心主任達十四年之久。

Thomas W. Mangione 是密西根大學的組織心理學博士，在波士頓的 JSI 調查研究訓練中心擔任資深研究員，也在波士頓大學及哈佛大學傳授調查研究方法，在他還是研究生時，就參與密西根調查研究中心所進行的數項全國性就業調查專案，擁有三十幾年的調查研究經驗，探討過的議題領域包括：環境生態、酗酒、AIDS、犯罪與恐懼，及心理健康等等，著作頗豐，除本書外，並與 Floyd J. Fowler, Jr.教授合著《Standardized Survey Interviewing》（標準化調查訪問），是調查研究方法論領域的權威學者之一。

弘智文化事業出版品一覽表

弘智文化事業有限公司的使命是：

出版優質的教科書與增長智慧的軟性書。

心理學 系列叢書

1. 《社會心理學》
2. 《金錢心理學》
3. 《教學心理學》
4. 《健康心理學》
5. 《心理學：適應環境的心靈》

社會學 系列叢書

1. 《社會學：全球觀點》
2. 《教育社會學》

社會心理學 系列叢書

1. 《社會心理學》
2. 《金錢心理學》

教育學程 系列叢書

1. 《教學心理學》
2. 《教育社會學》
3. 《教育哲學》
4. 《教育概論》
5. 《教育人類學》

心理諮商與心理衛生系列叢書

1. 《生涯諮商：理論與實務》
2. 《追求未來與過去：從來不知道我還有其他的選擇》
3. 《夢想的殿堂：大學生完全手冊》
4. 《健康心理學》
5. 《問題關係解盤：專家不希望你看的書》
6. 《人生的三個框框：如何掙脫它們的束縛》
7. 《自己的創傷自己醫：上班族的職場規劃》
8. 《忙人的親子遊戲》

生涯規劃系列叢書

1. 《人生的三個框框：如何掙脫它們的束縛》
2. 《自己的創傷自己醫：上班族的職場規劃》
3. 《享受退休》

How To 系列叢書

1. 《心靈塑身》
2. 《享受退休》
3. 《遠離吵架》
4. 《擁抱性福》
5. 《協助過動兒》
6. 《迎接第二春》
7. 《照顧年老的雙親》
8. 《找出生活的方向》
9. 《在壓力中找力量》
10. 《不賭其實很容易》
11. 《愛情不靠邱比特》

企業管理系列叢書

1. 《生產與作業管理》
2. 《企業管理個案與概論》
3. 《管理概論》
4. 《管理心理學：平衡演出》
5. 《行銷管理：理論與實務》
6. 《財務管理：理論與實務》
7. 《重新創造影響力》

管理決策系列叢書

1. 《確定情況下的決策》
2. 《不確定情況下的決策》
3. 《風險管理》
4. 《決策資料的迴歸與分析》

全球化與地球村系列叢書

1. 《全球化：全人類面臨的重要課題》
2. 《文化人類學》
3. 《全球化的社會課題》
4. 《全球化的經濟課題》
5. 《全球化的政治課題》
6. 《全球化的文化課題》
7. 《全球化的環境課題》
8. 《全球化的企業經營與管理課題》

應用性社會科學調查研究方法系列叢書

1. 《應用性社會研究的倫理與價值》

2. 《社會研究的後設分析程序》

3. 《量表的發展：理論與應用》

4. 《改進調查問題：設計與評估》

5. 《標準化的調查訪問》

6. 《研究文獻之回顧與整合》

7. 《參與觀察法》

8. 《調查研究方法》

9. 《電話調查方法》

10. 《郵寄問卷調查》

11. 《生產力之衡量》

12. 《抽樣實務》

13. 《民族誌學》

14. 《政策研究方法論》

15. 《焦點團體研究法》

16. 《個案研究法》

17. 《審核與後設評估之聯結》

18. 《醫療保健研究法》

19. 《解釋性互動論》

20. 《事件史分析》

瞭解兒童的世界系列叢書

1. 《替兒童作正確的決策》

觀光、旅遊、休憩系列叢書

1. 《觀光行銷學》

資訊管理系列叢書

1. 《電腦網路與網際網路》

統計學系列叢書

1. 統計學

標準化調查訪問

原　　著／Floyd J. Fowler. Jr. & Thomas W. Mangione
譯　　者／黃朗文
校　　閱／齊　力
主 譯 者／國立編譯館
執行編輯／古淑娟
出 版 者／弘智文化事業有限公司
登 記 證／局版台業字第 6263 號
郵政劃撥／19467647　戶名：馮玉蘭
地　　址／台北市大同區民權西路 118 巷 15 弄 3 號 7 樓
郵政劃撥／19467647　戶名：馮玉蘭
電　　話／（02）2557-5685・0932-321-711・0921-121-621
傳　　真／（02）2557-5383
發 行 人／邱一文
書店經銷／旭昇圖書有限公司
地　　址／台北縣中和市中山路 2 段 352 號 2 樓
電　　話／（02）22451480
傳　　真／（02）22451479
製　　版／信利印製有限公司
版　　次／1999 年 04 月初版一刷
定　　價／220 元
弘智文化出版品進一步資訊歡迎至網站瀏覽：
http://www.honz-book.com.tw

ISBN 957-98081-2-0

國家圖書館出版品預行編目資料

標準化調查訪問 / Floyd J. Fowler, Jr. & Thomas W.
　　Mangione 著；黃朗文譯. --初版. --台北市：
弘智文化；1999〔民 88〕
冊：　公分（應用社會科學調查研究方法系列叢書；5）
參考書目：面；含索引
譯自：Standardized Survey Interviewing
　ISBN　957-98081-2-0（平裝）

1. 社會調查－研究方法　　2. 面談

540.15　　　　　　　　　　　　　　　88000718

弘智文化價目表

弘智文化出版品進一步資訊歡迎至網站瀏覽：honz-book.com.tw

書　名	定　價	書　名	定　價
社會心理學（第三版）	700	生涯規劃：掙脫人生的三大枷鎖	250
教學心理學	600	心靈塑身	200
生涯諮商理論與實務	658	享受退休	150
健康心理學	500	婚姻的轉捩點	150
金錢心理學	500	協助過動兒	150
平衡演出	500	經營第二春	120
追求未來與過去	550	積極人生十撇步	120
夢想的殿堂	400	賭徒的救生圈	150
心理學：適應環境的心靈	700		
兒童發展	出版中	生產與作業管理（精簡版）	600
為孩子做正確的決定	300	生產與作業管理(上)	500
認知心理學	出版中	生產與作業管理(下)	600
照護心理學	390	管理概論：全面品質管理取向	650
老化與心理健康	390	組織行為管理學	800
身體意象	250	國際財務管理	650
人際關係	250	新金融工具	出版中
照護年老的雙親	200	新白領階級	350
諮商概論	600	如何創造影響力	350
兒童遊戲治療法	500	財務管理	出版中
認知治療法概論	500	財務資產評價的數量方法一百問	290
家族治療法概論	出版中	策略管理	390
婚姻治療法	350	策略管理個案集	390
教師的諮商技巧	200	服務管理	400
醫師的諮商技巧	出版中	全球化與企業實務	900
社工實務的諮商技巧	200	國際管理	700
安寧照護的諮商技巧	200	策略性人力資源管理	出版中
		人力資源策略	390

書　名	定價		書　名	定價
管理品質與人力資源	290		社會學：全球性的觀點	650
行動學習法	350		紀登斯的社會學	出版中
全球的金融市場	500		全球化	300
公司治理	350		五種身體	250
人因工程的應用	出版中		認識迪士尼	320
策略性行銷（行銷策略）	400		社會的麥當勞化	350
行銷管理全球觀	600		網際網路與社會	320
服務業的行銷與管理	650		立法者與詮釋者	290
餐旅服務業與觀光行銷	690		國際企業與社會	250
餐飲服務	590		恐怖主義文化	300
旅遊與觀光概論	600		文化人類學	650
休閒與遊憩概論	600		文化基因論	出版中
不確定情況下的決策	390		社會人類學	390
資料分析、迴歸、與預測	350		血拼經驗	350
確定情況下的下決策	390		消費文化與現代性	350
風險管理	400		肥皂劇	350
專案管理師	350		全球化與反全球化	250
顧客調查的觀念與技術	450		身體權力學	320
品質的最新思潮	450			
全球化物流管理	出版中		教育哲學	400
製造策略	出版中		特殊兒童教學法	300
國際通用的行銷量表	出版中		如何拿博士學位	220
組織行為管理學	800		如何寫評論文章	250
許長田著「行銷超限戰」	300		實務社群	出版中
許長田著「企業應變力」	300		現實主義與國際關係	300
許長田著「不做總統，就做廣告企劃」	300		人權與國際關係	300
許長田著「全民拼經濟」	450		國家與國際關係	300
許長田著「國際行銷」	580			
許長田著「策略行銷管理」	680		統計學	400

書　　名	定　價		書　　名	定　價
類別與受限依變項的迴歸統計模式	400		政策研究方法論	200
機率的樂趣	300		焦點團體	250
			個案研究	300
策略的賽局	550		醫療保健研究法	250
計量經濟學	出版中		解釋性互動論	250
經濟學的伊索寓言	出版中		事件史分析	250
			次級資料研究法	220
電路學（上）	400		企業研究法	出版中
新興的資訊科技	450		抽樣實務	出版中
電路學（下）	350		十年健保回顧	250
電腦網路與網際網路	290			
應用性社會研究的倫理與價值	220		書僮文化價目表	
社會研究的後設分析程序	250			
量表的發展	200		台灣五十年來的五十本好書	220
改進調查問題：設計與評估	300		２００２年好書推薦	250
標準化的調查訪問	220		書海拾貝	220
研究文獻之回顧與整合	250		替你讀經典：社會人文篇	250
參與觀察法	200		替你讀經典：讀書心得與寫作範例篇	230
調查研究方法	250			
電話調查方法	320		生命魔法書	220
郵寄問卷調查	250		賽加的魔幻世界	250
生產力之衡量	200			
民族誌學	250			